AF359521

1345

29893

Séguiran

Procès de M. de Séguiran
Avocat général au Parlement d'Aix.

MEMOIRE

POUR Messire JEAN-FRANÇOIS DE SEGUIRAN, Avocat
Général au Parlement d'Aix, Demandeur en caffation
d'un Arrêt rendu par ce Parlement le dix-huit Mars
mil fept cent quarante.

E fieur de Seguiran attaque un Arrêt qui l'a facri-
fié à la paffion de fes Parties, & à la calomnie d'un
Debiteur de mauvaife foi ; ce Debiteur, pour élu-
der le payement d'un billet, qu'il devoit à la Dame
de Seguiran, libre dans fes biens, a fuppofé qu'on
y avoit fubftitué dans la datte deux chiffres, à la
place de deux autres, changement auquel on ne pouvoit fe porter
par aucune vûë d'interêt. Il forme cependant aux Requêtes du
Palais contre la Dame de Seguiran, une infcription de faux incident, reffource ordinaire de la chicanne ; il imagine enfuite, pour
tâcher d'arrêter les pourfuites qu'on faifoit contre lui, d'embarraffer le fieur de Seguiran fon mari dans cette affaire, il le de-
nonce comme l'Auteur du changement indifferent de ces deux
chiffres, car ce billet étoit dû, telle datte qu'on voulût lui donner. Les fieurs de Gueidan, d'Argens & Rippert, Avocat, & Procureurs Généraux, faififfent indifcretement une dénonciation auffi
frivole, ils s'y livrent fans reflexion, ils font affembler avec éclat les
Chambres du Parlement, ils y intentent une Action en faux principal contre le fieur de Seguiran leur Confrere : ainfi fur le fort de
ce billet, deux infcriptions à la fois, l'une incidente aux Requêtes

A

du Palais, l'autre principale au Parlement assemblé; quelle mon-
strueuse procedure! mais quand la passion donne le premier mou-
vement aux affaires, tout est ensuite sur le même ton, on n'y
écoute plus ni regle, ni justice; ici l'accusation, l'information,
le jugement, sont marquez à chaque pas aux traits de l'oppression,
l'aveuglement a fait passer par-dessus les formes les plus necessai-
res; ce Magistrat n'a pû obtenir dans le cours de la procedure,
ce qu'on n'a jamais refusé, dans ce Parlement, aux Criminels de-
stinez à un supplice merité, on entend des temoins recherchés;
des Juges suspects, suivant les Loix & la Discipline de leur Compagnie, s'obstinent, quoique recusez, à vouloir demeurer Juges.
Sera-t-on étonné après cela que de cette fermentation des esprits
on ait vû éclore un jugement odieux, qui sans preuve, même sans
apparence de crime, se soit porté à la cruelle extremité de fletrir
un Magistrat, & un homme de condition? Le sieur de Seguiran a
l'honneur d'être né d'une Maison ancienne, qui a donné des
Chefs à la Cour des Aydes, & Chambre des Comptes de Provence, des (*) Présidens, & des Conseillers au Parlement; elle
a eu encore des Militaires, qui ont merité du Prince; & par
mi ceux qui sont entrez dans l'Etat Ecclésiastique, on trouve le Pere de Seguiran Jesuite, Prédicateur & Confesseur de
Louis XIII. Le sieur de Seguiran compteroit cependant pour peu
cet avantage de la naissance, s'il n'y avoit joint les sentimens con-
venables; mais qu'il lui soit permis de rendre ce témoignage de
lui-même, que depuis quinze années qu'il est revetu de la Charge
d'Avocat Général, il l'exerce avec l'attention & la fermeté que
demande ce ministere laborieux; il s'y comporte, non avec le
faste insultant de certains hommes nouveaux, mais avec cette mo-
destie qui convient à la Robbe: sa conduite, jamais obscurcie par
le plus leger nuage, a paru incommode, on a cherché à l'écarter:
dans l'impossibilité de l'attaquer du côté des fonctions, on a cru
avoir trouvé, dans ce faux imaginaire, un pretexte pour le perdre:

(*) Loüis second Comte de Provence nomma Louis de Seguiran Président de
la Cour Souveraine qu'il créa en 1415. Madame Ioland Fille du Roy Rué, &
Duchesse de Lorraine, ayant prétendu que la Provence lui appartenoit, Charles VIII. donna ordre à Melchior de Seguiran de répondre à cette prétention,
il eut l'honneur, dans cette occasion, de soutenir les droits du Roy, par des
Traités qui existent. Loüis XII. le nomma un des Conseillers du Parlement
qu'il érigea en 1501. Le pere du sieur de Seguiran a été l'un des Legataires uni-
versels du dernier Premier Président de ce nom.

ainſi le ſieur de Seguiran , ſûr de ſa probité , ne trouve d'autre motif de la perſecution qu'il ſouffre que ſon exactitude aux devoirs de ſa Place. Heureuſement pour lui, il eſt un Tribunal ſuprême , qui peſe & qui juge les Juſtices. Le ſieur de Seguiran vient ſe preſenter aux pieds du Thrône ; il y apporte ſa tête , il reconnoit qu'il ne ſeroit pas aſſez puni, s'il avoit eu le malheur de tomber dans le crime refléchi de faux : mais ſi à la démonſtration de ſon innocence , il ajoute celle des nullités dont eſt rempli l'Arrêt qu'il attaque, quelle éclatante ſatisfaction n'a-t'il pas lieu d'eſperer , ſous un Gouvernement, le modele de la plus parfaite Juſtice.

F A I T.

Gaſpard Leſbros du lieu de Chorge en Dauphiné , s'étoit tranſplanté à Marſeille , & étoit parvenu à y faire un commerce conſiderable , il attira auprès de lui en 1698. Alexandre Leſbros ſon frere puîné ; c'eſt celui-ci qui a ſuſcité au ſieur de Seguiran l'accuſation calomnieuſe de faux.

Alexandre Leſbros , né ſans aucun bien , n'a jamais été delicat ſur les moyens d'acquerir , auſſi verra-t'on qu'il commença ſes premiers eſſais par ſon propre frere , & par ſon beau-pere. De retour d'Eſpagne , où Gaſpard ſon frere l'avoit envoyé en qualité de Commis , il rechercha en mariage la Demoiſelle Magdelaine d'Antoine : pour parvenir à cet Etabliſſement il imagina de prier ſon frere de ſigner un Inventaire par lequel il paroîtroit qu'ils étoient aſſociez, quoiqu'il n'eût abſolument rien dans les Effets, ni dans le Commerce, & lui promit de lui en faire ſa declaration; ce frere bien-aiſe de lui procurer un mariage avantageux ſans rien riſquer , ſigna cet Inventaire , ſous une contre-lettre. A la faveur de cet Inventaire ſimulé, Alexandre Leſbros ſe preſenta avec plus de confiance au pere de la Demoiſelle : le ſieur d'Antoine , trompé par cette apparence de bien , conſentit à lui donner ſa fille , à laquelle il conſtitua en dot la ſomme de 20000. livres par Contrat de mariage du 28. Fevrier 1711. Le ſieur d'Antoine qui étoit veuf alors ſe remaria, c'eſt de ſon ſecond mariage qu'eſt née la Dame de Seguiran.

Entr'autres biens conſtituez par ce Contrat de mariage , étoit une métairie chargée d'une penſion de vingt livres pour un Service de Meſſes ; il fut dit par ce Contrat que Leſbros ſupporteroit les cens & ſervices dont cette métairie étoit chargée. Le Chapelain s'étant addreffé dans la fuite à Alexandre Lefbros, pour être payé de cette penfion, celui-ci fit de fa main un faux Extrait de fon Contrat de mariage, dans lequel il fupprima la claufe qui le chargeoit de payer les cens & fervices ; ce fut avec ce faux Extrait qu'il furprit le fieur d'Antoine, homme peu intelligent en affaires, & lui perfuada que c'étoit à lui à continuer de payer cette penfion, & en effet le fieur d'Antoine continua de payer ; mais comme il lui reftoit une idée confufe qu'il ne devoit plus être chargé de cette penfion, il fit toûjours fes proteftations de repeter.

Dans le mois de Septembre 1711. Alexandre Lefbros retourna à Alicant continuer de gerer les affaires de fon frere, il en revint fur la fin de 1712. & dans le mois d'Août 1713. il repartit encore pour l'Efpagne. C'eft dans un de ces derniers voyages que le fieur d'Antoine fon beau-pere lui remit la fomme de 4500. livres pour l'employer en amandes, ou en foye ; Alexandre Lefbros lui en fit fon billet, mais il ne fit point l'employ convenu, & il a toûjours gardé ces 4500. liv. dans la vûë de les compenfer avec des prétentions chimeriques qu'il avoit contre fon beau-pere, au fujet de la dot de la mere de fa femme.

Le fieur de Seguiran époufa en 1737. la Demoifelle Margueritte d'Antoine, fille unique du fecond lit du feu fieur d'Antoine, & fon heritiere, il devint par-là le beau-frere d'Alexandre Lefbros.

Après la mort du feu fieur d'Antoine le Chapelain à qui étoit dûë la penfion de vingt liv. s'addreffa encore à Alexandre Lefbros, comme proprietaire & poffeffeur de la métairie ; celui-ci tenta alors de tromper la Dame de Seguiran fa belle-fœur, comme il avoit trompé fon beau-pere ; c'eft dans cette vûë que le 10. Mars 1738. il écrivit au fieur de Seguiran, que la Dame de Seguiran fon Epoufe, devoit, comme heritiere de fon pere, fupporter cette penfion. Cette lettre commença un commerce de réponfes, pendant lequel Lefbros hazarda encore plufieurs autres prétentions injuftes.

Le fieur de Seguiran, peu inftruit des affaires de fon beau-pere, chercha dans fes papiers des éclairciffemens, qui puffent le mettre en état de répondre, il y trouva l'original d'un billet de Lefbros, conçû en ces termes : *Je declare avoir reçû de M. Jean Antoine mon beau-pere, la fomme de 4500. liv. en piftolles d'Efpagne, qu'il m'a remis, à fon rifque, peril & fortune, pour lui employer en amandes, ou en*

foye, *à la prochaine recolte de* 1713. *à Marſeille le* 12. *Août* 1713.
Après que le ſieur de Seguiran eut trouvé ce billet, le faux extrait
du Contrat de Mariage de Leſbros de 1711. & pluſieurs autres papiers, tous dattés de la même année, qui prouvoient ſa mauvaiſe
foi, il lui fit réponſe le 18. Mars, & lui marqua non-ſeulement
qu'il devoit payer la penſion de 20. liv. & les arrérages, comme
Proprietaire de la Métairie, mais qu'il étoit encore reſté Débiteur
du feu ſieur d'Antoine d'un billet de 4500. livres, dont il lui en-
voyoit copie : comme le ſieur de Seguiran avoit alors ſur ſon Bureau
pluſieurs Pieces dattées de 1711. occupé de ces dattes, il mit par
erreur dans cette copie, pour être employé à la recolte de 1712.
à Marſeille le 12. Août 1711. & par une ſuite de cette erreur il
continua d'écrire cette datte dans pluſieurs autres Lettres, où il
parloit de ce billet. Leſbros fit réponſe au ſieur de Seguiran le 22.
Mars, *qu'il ſe ſouvenoit d'avoir fait ce billet, mais qu'il l'avoit payé*
par des remiſes en marchandiſes de la valeur de 35. *à* 36000. *livres,*
qu'il avoit envoyées d'Eſpagne en 1712. *au feu ſieur d'Antoine, telles*
que des piaſtres, des ſoyes, des amandes & du ſavon.

Le lendemain 23. Mars le ſieur de Seguiran envoya à Leſbros
la preuve convaincante, qu'il étoit impoſſible que le feu ſieur d'Antoine eût pû ſe payer de ces 4500. livres ſur les marchandiſes qu'il
lui avoit fait remettre en 1712. parce qu'il fut obligé de rendre
toutes ces mêmes marchandiſes à Gaſpard Leſbros ſon frere aîné,
à qui elles appartenoient : voici cette preuve dont on ne ſçauroit
éviter le détail.

On a deja obſervé que dans le mois de Septembre 1711. Alexandre Leſbros repartit de Marſeille, pour continuer de régir à Alicant le commerce de ſon frere ; Gaſpard Leſbros lui fit toucher
quelque tems après des fonds conſiderables, pour les employer en
marchandiſes, & les lui envoyer à Marſeille ; Alexandre Leſbros
employa partie de ces fonds à acheter beaucoup de marchandiſes,
mais au lieu de les envoyer à ſon frere il penſa à ſe les approprier,
& pour parvenir à ſon objet, voici la voie qu'il prit : dans le cou-
rant de l'année 1712. il les fit partir d'Eſpagne ſur differens vaiſ-
ſeaux, il ne les adreſſa point à Gaſpard Leſbros ſon frere, mais il
déclara ſeulement dans les Polices de chargement, qu'elles étoient
deſtinées pour Marſeille, pour le compte de qui il appartiendroit ;
il écrivit en même tems au ſieur Brunet, Négociant à Marſeille,
il lui envoya le double des Polices, le pria de retirer les marchandiſes, de les remettre au ſieur d'Antoine ſon beau-pere, & d'en

retirer des reçûs. Brunet s'acquitta de sa commission, le sieur d'An_
toine reçut de lui ces marchandises, persuadé qu'elles appartenoient à son Gendre, qu'il croyoit riche, & en donna ses recepissés
à Brunet.

Gaspard Lesbros inquiet de ne point recevoir d'envoy de la part
de son frere, fit des recherches qui l'éclaircirent de sa perfidie. Il
présenta le 10. Septembre 1712. une requête au Lieutenant Criminel de Marseille, où il disoit, qu'il avoit fait venir auprès de lui
Alexandre Lesbros son frere, dans la vûë de l'avancer ; qu'après
l'avoir mis en apprentissage chez des Marchands, il l'avoit envoyé
pour être son Commis en Espagne, qu'en étant revenu, il lui avoit
facilité un mariage avantageux, en le faisant paroître son Associé,
quoiqu'il n'eût rien dans son commerce ; que ne le croyant pas ca-
pable *de le tromper ni de le voler*, ce sont les expressions de ce frere
justement indigné, il lui avoit confié l'administration de ses fonds ;
qu'il lui avoit envoyé en dernier lieu plus de 163000. livres, pour
les employer en retraits des marchandises ; que malgré cette confiance & ces bienfaits Alexandre Lesbros avoit exécuté le criminel
projet de divertir ces fonds, & de les faire passer clandestinement
à des personnes interposées ; qu'il avoit découvert qu'il avoit fait
plusieurs envois au sieur Brunet & à d'autres commerçans, sur quoi
il demanda qu'il fût informé. Le lendemain le Lieutenant Criminel se transporta chez Brunet, qui convint qu'Alexandre Lesbros
lui avoit envoyé des marchandises par tels & tels vaisseaux ; il en
fit le détail, & ajouta qu'il les avoit remises, suivant ses ordres,
au sieur d'Antoine, dont il représenta les recepissés. On alla ensuite chez le sieur d'Antoine, qui convint de son côté que Brunet
lui avoit remis de la part d'Alexandre Lesbros toutes les mêmes
marchandises, dont Brunet avoit fait le détail ; mais il ajouta qu'il
ne les avoit reçûës que parce qu'il croyoit qu'elles appartenoient
à son Gendre, & offrit de les rendre à Gaspard Lesbros.

Sur cette procédure Alexandre Lesbros fut décreté de prise de
corps, le feu sieur d'Antoine d'un ajournement personnel, & Brunet d'un assigné pour être oüi. Ce Décret attaquoit la réputation
du sieur d'Antoine, il laissoit penser qu'il avoit reçû ces effets
comme complice d'un crime, tandis qu'il étoit dans la bonne foi,
& qu'il avoit été surpris ; il alloit former une demande en réparation & en dommages & interêts contre Gaspard & Alexandre Lesbros, mais on l'arrêta ; il rendit à Gaspard Lesbros généralement
tous les effets que Brunet lui avoit remis, & qui étoient les mêmes

qu’Alexandre Lesbros avoit envoyés à Brunet, ensorte que le 20. Septembre 1712. il fut passé un Acte, par lequel Gaspard Lesbros déclara, qu’il se désistoit de la procédure criminelle, faite à son nom contre les sieurs d’Antoine & Brunet, & que le sieur d’Antoine lui avoit remis tous les effets qu’il avoit reçûs de Brunet ; d’Antoine de son côté se départit de tout ce qu’il pouvoit prétendre contre Gaspard Lesbros.

Cet Acte du 20. Septembre, dont il a été nécessaire de faire l’histoire, est la Piece que le sieur de Seguiran envoya à Lesbros, pour le confondre sur ce qu’il alleguoit, que les marchandises quil avoit fait remettre à son beau-pere en 1712. avoient servi à payer le billet de 4500. livres, ce qui étoit impossible, puisque d’Antoine avoit rendu ces mêmes marchandises à Gaspard Lesbros, à qui elles appartenoient véritablement.

Malgré l’évidence de cette preuve Lesbros s’obstina à soutenir, mais avec des variations & des contradictions perpetuelles, qu’il avoit payé les 4500. livres, il répondit au sieur de Seguiran le 24. Mars, que s’il n’avoit pas retiré son billet c’étoit un oubli de sa part ; un autre fois, c’est le 26. Mars, qu’il avoit fait l’emploi de ces 4500. livres en deux balles de soye, qui furent remises en son tems au sieur d’Antoine, que la preuve devoit se trouver dans ses livres ; que si ce billet avoit été dû, le sieur d’Antoine & lui en auroient fait mention dans leurs differens arrêtés de compte. Enfin dans sa derniere lettre du 4. Avril il donna une fable pour preuve qu’il avoit payé ce billet. *Je l’ai payé*, dit-il, *par le moyen de deux balles de soye que je remis à M. d’Antoine, Madame d’Antoine se souviendra qu’il les déballa & les mit dans son lit en forme de paillasse, pour les cacher, par les raisons qu’elle sçait, lors de la discussion avec mon frere, je sçavois d’avoir fait ce Billet comme d’avoir fait l’Alcoran.*

Toutes ces contradictions ne servirent qu’à convaincre davantage le sieur de Seguiran, que ce billet qui existoit, & dont on ne pouvoit parer la force que par une quittance, ou un équivalent, n’avoit jamais été payé. En effet point de quittance, nul compte où il fût entré en compensation ; la fable des deux balles de soye mises dans le lit en forme de paillasse, étoit ridicule ; un Créancier qui reçoit son payement en effets, subrogés à son argent, a-t-il besoin de se cacher ; a-t-on pû oublier, *comme d’avoir fait l’Alcoran*, un billet que l’on paye, le payement n’est-il pas lui-même la preuve du souvenir ?

La Dame de Seguiran libre dans ses biens, fut enfin obligée …

se pourvoir aux Requêtes du Palais, elle demanda par une Re-quête du 7. May 1738. que Lesbros fût condamné au payement de ces 4500. livres, & lui donna en même tems copie de ce billet, tel qu'on l'avoit trouvé dans les papiers du feu sieur d'Antoine.

Lesbros présenta de son côté une Requête contraire le 28. du même mois, il y dit en premier lieu, qu'il avoit plus que payé ce billet, ainsi qu'il le prouveroit. 2°. Il forma plusieurs demandes incidentes, touchant la dot de sa belle-mere, qu'il prétendoit que le feu sieur d'Antoine n'avoit pas entierement rendu ; ce qui étoit le véritable motif qui lui avoit fait retenir jusqu'à présent ces 4500. livres.

Depuis cette Requête Lesbros ne parla plus de ses demandes in-cidentes, mais il tourna ses chicannes du côté du billet ; on a ob-servé, que lorsque le sieur de Seguiran écrivoit à Lesbros le 23. Mars, il étoit occupé de plusieurs pieces toutes dattées de 1711. que frappé de cette datte, il l'écrivit par erreur dans la copie qu'il envoya à Lesbros, au lieu qu'il y avoit sur l'Original, tel qu'il fut signifié à Lesbros, *pour être employé à la recolte de* 1713. *à Marseille le* 12. *Août* 1713. il n'en fallut pas davantage à un homme de ce caractere, il crut avoir trouvé sa quittance dans cette erreur indif-ferente de deux chiffres. Le 12. Juillet 1738. il interpella la Dame de Seguiran de déclarer, si elle consentoit que la datte fût du 12. Août 1711. pour être l'emploi de la valeur du billet, fait à la recolte du 1712. ou si elle insistoit à la datte qui se trouvoit sur la copie, qu'elle lui avoit fait signifier.

La Dame de Seguiran répondit le même jour qu'elle avoit signi-fié ce billet avec la datte qui s'y étoit trouvée, que cette datte étoit indifferente, soit qu'on la place en 1711. en 1712. ou en 1713. & elle somma Lesbros de lui produire une quittance, ou quelque arrêté de compte où ce billet fût entré, sinon de lui en payer la valeur.

Le 17. Octobre suivant Lesbros demanda qu'il fût enjoint à la Dame de Seguiran, de remettre au Greffe l'original du billet, le même jour elle satisfit à cette injonction.

Le 18. Novembre autre Requête de Lesbros, par laquelle il demanda 1°. Acte de ce qu'il s'inscrivoit en faux contre la datte de ce billet ; 2°. qu'il fût enjoint à la Dame de Seguiran de déclarer si elle vouloit s'en servir.

Le même jour Requête contraire de la Dame de Seguiran, elle demanda 1°. qu'il lui fût donné Acte de ce qu'elle offroit de se

purger

purger par ferment, qu'elle avoit trouvé dans les papiers de son pere le billet dont il s'agissoit, en l'état qu'elle l'avoit communiqué. 2°. De ce qu'elle consentoit que Lesbros donnât à ce billet la datte qu'il trouveroit à propos, soit de 1711. 1712. ou 1713. 3°. Qu'attendu ce consentement, qui écartoit toutes les chicannes de Lesbros, il fût déclaré non recevable en son inscription incidente de faux.

Sur ces deux Requêtes les Parties furent renvoyées à l'Audience, le sieur de Gueidan, Avocat Général, plaida dans la cause, la Dame de Seguiran y fut la victime de la passion qui l'animoit depuis long-tems contre le sieur de Seguiran son mari; elle fut déboutée de sa Requête en fin de non recevoir, & il fut permis à Lesbros de continuer son inscription.

La Dame de Seguiran interjetta appel au Parlement d'un Jugement si injuste, & qui favorisoit si ouvertement la chicanne, & la fuite de ce Débiteur. Pendant l'appel elle fit le 7. Avril 1739. un nouvel Acte, par lequel elle interpella encore Lesbros de lui communiquer des quittances ou des décharges du billet, sur quoi il se contenta de répondre, *que c'étoit dans la vûë de le surprendre qu'on lui faisoit cette interpellation, qu'il feroit toutes les communications, qui seroient de son devoir & de son obligation.* Jusqu'à présent on est à recevoir la communication de ces prétenduës quittances. La Sentence des Requêtes du Palais ne pouvoit manquer d'être reformée, tant que l'inscription de faux ne porteroit que sur les deux chiffres, que Lesbros disoit être alterés dans la datte; pour parer cette objection il fit avancer par son Avocat à l'Audience du Parlement, *qu'il prétendoit s'inscrire en faux, non seulement contre ces deux chiffres, mais encore contre tout le corps du billet*; le plumitif de l'Audience du Parlement en fait foy. Les Juges convinrent alors, que si l'inscription de faux n'avoit roulé que sur les deux chiffres prétendus alterés, il n'y auroit pas eu de difficulté de déclarer Lesbros non recevable en cette inscription, attendu le consentement de la Dame de Seguiran qui lui donnoit le choix de la datte; mais que présentement l'affaire changeoit de face par la déclaration de Lesbros, de vouloir s'inscrire en faux contre tout le corps du billet; sur ce fondement on prit le parti de débouter par Arrêt du 21. Avril la Dame de Seguiran de sa Requête enfin de non recevoir, mais avec cette prononciation remarquable, *en l'état.* C'est-à-dire, attendu la déclaration que Lesbros venoit de faire sur le Barreau; il fut ordonné qu'il poursuivroit son inscription aux Requêtes du

Palais. Ce ne fut que par cette furprife qu'il obtint cet Arrêt ; mais elle ne pouvoit lui fervir qu'à prolonger encore pour quelque tems fes chicannes, car il faudra enfin qu'il paye ce billet tout écrit & figné de fa propre main. Lesbros, homme fecond en reffources de mauvaife foi, fentant l'impoffibilité de réuffir dans cette préten- duë infcription, imagina d'embarraffer le fieur de Seguiran dans cette affaire, pour tacher par cette diverfion d'arrèter les pourfui- tes de la Dame de Seguiran ; il alla le dénoncer au fieur de Guei- dan, qu'il fçavoit n'ètre pas de fes amis, comme l'Auteur de l'alte- ration des deux chiffres 3. qui paroiffoient furchargés fur l'original du billet ; pour donner couleur à fa délation, il lui remit les let- tres, dans lefquelles le fieur de Seguiran parloit de ce billet comme d'un billet de 1711. au lieu que fur l'original il étoit de 1713. au moyen de deux chiffres 3. qui paroiffoient furchargés, d'où il tiroit cette fauffe conféquence que fous le chiffre 3. il y avoit eu originairement un 1. qui faifoit 1711. & que c'étoit le fieur de Se- guiran qui avoit fait cette alteration.

Les fieurs de Gueidan, d'Argens & Rippert, Avocat & Pro- cureurs Généraux, fe livrent aveuglément à cette dénonciation, ils oublient qu'il y avoit déja une infcription de faux incident formée aux Requêtes du Palais, contre ce Billet ; ils font affem- bler les Chambres du Parlement, ils y préfentent le 6. Octobre 1739. une Requête en infcription de faux principal contre le fieur de Seguiran, ils l'accufent d'avoir changé deux anciens chiffres de ce billet, & d'y avoir fubftitué deux 3. pour faire 1713. on ordonna qu'il feroit informé, & on nomma les fieurs de Mons, & d'Ourfin Confeillers, pour prendre l'information.

Les fieurs de Gueidan, d'Argens, & Rippert, firent affigner en témoin Lefbros dénonciateur & débiteur du billet, il fut forcé dans fa dépofition de reconnoître qu'il avoit fait ce billet, qu'il en avoit reçû la valeur ; mais il ajoûta, fans en donner de preuve, qu'il l'avoit payé, que l'alteration des deux 3. furchargés ne pou- voit partir que du fieur de Seguiran qui avoit eu ce billet en fon pouvoir ; & pour jetter encore plus de foupçon fur le fieur de Seguiran, & le faire paffer pour quelqu'un qui avoit déja fait pa- reille alteration, il ajoûta, avoir oüi-dire aux fieurs Mathieu & Mouren, Négotians à Marfeille, qu'ils avoient payé au fieur de Seguiran, un billet qui paroiffoit alteré dans un chiffre. Le fieur Clie autre témoin qu'on prétendoit avoir vû le billet entre les mains du fieur de Seguiran daté de 1711. dépofa qu'il n'avoit jamais vû ce billet, & qu'il reconnoiſſoit le ſieur de Seguiran pour un Magiſtrat intégre. Les deux Experts nommés auſquels on avoit remis cent dix-ſept pieces de comparaiſon qui étoient des Concluſions ecrites de la main du ſieur de Seguiran, où il y avoit des dates de mois & d'années en chiffre, depoſerent, après avoir fait toutes les réflexions de leur art, obſervé les traits des chiffres, la couleur de l'encre, ſi elle étoit ancienne ou récente, les chiffres qu'il pouvoit y avoir eu ſous les deux 3. qu'ils ne pouvoient pas dire que ces deux chiffres 3. fuſſent de la main du ſieur de Se-guiran, ni diſtinguer s'il y avoit eu auparavant deux autres chiffres à la place de ces deux 3. Mathieu & Mouren debiteurs d'un bil-let qu'ils avoient fait en 1708. au feu ſieur d'Antoine, furent auſſi aſſignés, & dirent qu'ils avoient payé au ſieur de Seguiran un billet, dont le dernier chiffre de 1708. leur avoit paru alteré, qu'ils aimerent mieux le payer, que plaider. Les deux Experts auſ-quels ce billet fut auſſi remis, déclarerent qu'à la vérité le chiffre 8. paroiſſoit ſurchargé, qu'ils ne pouvoient pas décider que ce fût de la main du ſieur de Seguiran, mais qu'il paroiſſoit viſiblement à travers cette charge, qu'originairement, c'eſt-à-dire, lorſque le billet avoit été fait il y avoit eu un 8. Tel eſt le réſultat de cette in-formation, dont on a été en état de rendre compte, par la con-noiſſance que le ſieur de Seguiran en a eu à la confrontation.

Une des premieres & des principales attentions des Juges, en matiere criminelle, doit être de meſurer les Décrets ſur les char-ges, principalement lorſqu'il s'agit d'un domicilié, d'un homme de condition, d'un Magiſtrat, jamais ſoupçonné dans ſes fonctions. Si on avoit préſenté cette information à un Tribunal tranquile, pour la décreter, on croit pouvoir dire avec confiance, qu'on n'y auroit pas trouvé de quoi pouvoir décreter ſeulement d'un aſſi-gné ; mais on vouloit aller plus loin, on vouloit commencer par imprimer une flétriſſure ſur le ſieur de Seguiran ; le 26. Novembre 1739. il fut décreté d'un ajournement en perſonne.

Sur la connoiſſance qu'il eut de ce Décret, dont il n'attendit pas la ſignification, il demanda le même jour d'être entendu, les Com-miſſaires affecterent d'abord de choiſir le Parquet pour le lieu de leurs ſéances, lieu où le ſieur de Seguiran avoit accoutumé de tenir les ſiennes, comme Avocat général ; on commença par lui de-mander s'il ſçavoit de quoi il étoit accuſé ; il répondit qu'il lui étoit revenu, qu'on prétendoit qu'il avoit alteré deux chiffres dans un billet, qu'il n'en ſçavoit pas davantage ; il requit les Commiſfaires de lui faire lire par le Greffier la Requête de plainte préſentée contre lui, par les ſieurs de Gueidan, d'Argens & Rippert, afin qu'il pût ſçavoir préciſément ſur quoi portoit leur accuſation. Cette lecture, qu'il eſt d'uſage dans ce Parlement de ne jamais re-fuſer à des accuſez, parce qu'on ne l'y regarde point comme piece ſecrette, lui fut cependant refuſée, les Commiſſaires lui repondirent que les Gens du Roy ne devoient pas être regardés comme les Par-ties ordinaires. Dans un autre interrogatoire le ſieur de Seguiran voulut dicter au Greffier quelques endroits d'un Mémoire impri-mé, que Leſbros avoit répandu, où il faiſoit des aveux, dont le ſieur de Seguiran tiroit avantage ; le ſieur de Mons lui dit d'un ton emporté, qu'un accuſé devoit répondre de bouche, le ſieur de Seguiran en convint, mais il voulut lui faire obſerver que ce n'étoit pas ici le cas, qu'il n'avoit pas crû devoir apprendre par cœur, pluſieurs endroits de ce Mémoire imprimé, le ſieur de Mons prit aſſez mal cette réponſe, il arracha ce Mémoire des mains du ſieur de Seguiran, & le jetta à terre. Voit-on dans un pareil pro-cedé la ſage tranquillité d'un Juge, ou une indécente vivacité? Le ſieur de Seguiran fut forcé alors de proteſter, qu'il ceſſeroit de répondre ſi on perſiſtoit à vouloir l'empêcher de dicter ; ſa proteſtation fut écrite par le Greffier, après quoi il continua.

Il étoit queſtion d'un fait très-aiſé à éclaircir, ces Commiſſai-res firent cependant durer leurs interrogatoires pendant huit jours entiers, dans la vûë d'embaraſſer, de fatiguer, de faire couper le ſieur de Seguiran ; mais comme la verité eſt ſimple, ſes réponſes furent toujours les mêmes. Après que le ſieur de Seguiran eut fini ſes réponſes, les ſieurs de Mons & d'Ourſin, Commiſſaires, s'avi-ſerent de faire de leur chef une nouvelle information, ils la com-poſerent de la depoſition d'un nommé Arnaud, Commis de Ma-thieu, ils entendent d'office cet homme, il dépoſa avoir oüi dire aux ſieurs Mathieu & Mouren, qu'ils avoient payé au ſieur de Se-guiran un billet, dont un chiffre de la datte paroiſſoit alteré ; ſur quoi il fut rendu le 5. Décembre 1739. un Décret, portant que ſur cette nouvelle charge le ſieur de Seguiran répondroit.

Enfin le ſieur de Seguiran fut entendu pour la derniere fois aux Chambres aſſemblées. Les interrogatoires y roulerent ſur les pré-tenduës alterations, qu'on l'accuſoit d'avoir fait ſur le billet de Leſbros, & ſur celui des ſieurs Mathieu & Mouren.

Quant au billet de Leſbros il démontra juſqu'à l'évidence, non-ſeulement qu'il n'étoit pas l'Auteur de la ſurcharge qui paroiſſoit fur les deux chiffres 3. mais qu'on ne pouvoit pas raifonnablement préfumer qu'il l'eût faite. Mon Dénanciateur & mes Parties, difoit-il, prétendent que la datte de ce billet étoit de 1711. pour faire l'emploi des 4500. livres en 1712. ainfi que je l'avois écrit par erreur dans les copies du billet que j'avois envoyé à Lesbros ; qu'aujourd'hui le billet paroiffant datté de 1713. pour être employé en 1713. il n'y a que moi qui puiffe être l'Auteur du changement des deux anciens chiffres en deux 3. à cela le fieur de Seguiran répondoit, premierement qu'on ne pouvoit pas affurer quels chiffres il y avoit oginairement à la place des deux chiffres 3. qui paroiffoient furchargés, & qui faifoient 1713. parce que les Experts même n'avoient pû déclarer quels chiffres il y avoit fous ces deux 3. qu'on ne pouvoit donc point décider, fi ce billet avoit été fait avant 1713. & dans quelle année. En fecond lieu ajouta-t-il, quand je pafferois la fuppofition, que ce billet ait été fait en 1711. le changement du chiffre 1. en un 3. eft un fait qu'on ne fçauroit m'imputer ; les experts feuls juges en cette matiere, après avoir examiné cent dix-fept Pieces de comparaifon écrites de ma main, ont dépofé, qu'ils ne pouvoient pas dire, que j'euffe fait ces deux chiffres 3. ce qui vaut autant que s'ils avoient affuré pofitivement, que je n'en étois pas l'auteur. Le fieur de Seguiran fit obferver en troifiéme lieu, qu'en matiere de crime on ne peut juger que fur des preuves évidentes, qui faffent pleine conviction contre l'accufé ; qu'on n'admet en matiere criminelle, où il s'agit de l'état des perfonnes, ni conjectures, ni vraifemblences, qu'ici il ne refultoit de la dépofition des témoins, ni preuve, ni apparence de preuve. Que fi au défaut des preuves on vouloit argumenter par les vraifemblances, & les conjectures, il n'y avoit aucune raifon qui eût pû l'engager à faire l'alteration, dont on l'accufoit. On n'eft communement porté à commettre un crime, que dans le deffein de nuire à autrui, pour s'arroger quelque avantage à foi-même, ainfi il n'y a proprement de crime, que lorfqu'il y a préjudice réellement caufé ; car il eft évident, que fi dans une action quelconque on ne trouve ni vûë d'interêt, ni préjudice caufé, on ne pourra placer cette action que dans la claffe des chofes indifferentes ; or dans le cas préfent il n'étoit pas même vraifemblable, que le fieur de Seguiran eût changé les deux anciens chiffres en deux 3. parce qu'il n'y avoit aucun interêt qui pût l'y exciter. Il avoit les preuves que ce billet, tout écrit & figné de la main de Lesbros, n'avoit jamais été payé ; au moment que Lesbros lui eut mandé qu'il avoit payé ce billet par les marchandifes qu'il avoit fait remettre au fieur d'Antoine en 1712. le fieur de Seguiran lui envoya la preuve, que le fieur d'Antoine avoit remis en totalité ces mêmes marchandifes à Gafpard Lesbros fon frere, à qui il avoit voulu les voler ; puifque la premiere fois que le Débiteur de ce billet allegue de l'avoir payé, qu'il fixe l'époque de ce prétendu payement en 1712. le fieur de Seguiran lui envoye fur le champ la preuve du contraire, quel interêt auroit-il eu d'en changer la datte, en la fuppofant de 1711. car ce billet exiftant entre fes mains, fans avoir été payé ni en 1712. ni depuis, étoit dû fans contredit. Il étoit dû, telle datte qu'on veuille lui donner ; fi on vouloit le placer en 1711. pour être payé en 1712. le fieur de Seguiran avoit prouvé au Débiteur, que fon prétendu payement fait en 1712. étoit une fauffeté ; veut on le placer en 1713. qui eft la datte qu'on lit fur l'original du billet, nulle quittance produite de la part de ce Débiteur, ainfi de quelque point de vûë qu'on regarde cette affaire, nul interêt de changer la datte de 1711. pour la tranfporter en 1713. conféquemment nulle vraifemblance, qu'on ait pû être porté à faire cette tranfpofition ; on n'apperçoit qu'un cas qui eût pû infpirer au fieur de Seguiran un objet d'interêt & de fraude, c'eft fi Lesbros lui avoit produit une quittance d'un billet de 4500. livres, dattée de 1711. alors on pourroit hazarder de dire, que l'original de ce billet s'étant trouvé par hazard en fon pouvoir, il en avoit alteré la datte, pour le faire paffer pour un autre billet fait en 1713. mais on ne fçauroit faire ici cette fuppofition, parce qu'il a toujours été impoffible à Lesbros de produire ni quittance ni arrêté de compte, ni le plus leger adminicule de preuve, d'où il réfultât qu'il avoit payé ou pû payer ce billet.

Mais, difoit-on au fieur de Seguiran, le billet que vous produifez étoit en vos mains, vous en avez parlé dans vos lettres à Lesbros comme d'un billet de 1711. & lorfque vous le produifez en Juftice, il paroît datté de 1713. c'eft donc vous qui avez fait l'alteration.

Le fieur de Seguiran répondit, qu'afin que cette conféquence eût au moins du vraifemblable, il faudroit que ce billet au fortir des mains du Débiteur eût paffé directement dans les fiennes, & qu'il n'en fût jamais forti, pour pouvoir conclure de-là qu'il n'y avoit que lui qui eût pû faire l'alteration ; mais que fi le billet avoit paffé auparavant en d'autres mains, la conféquence qu'on tiroit contre lui n'étoit pas propofable : or difoit-il, ce billet, avant que d'arriver jufqu'à moi, a paffé premierement du Débiteur au fieur d'Antoine, après la mort de celui-ci à fa veuve, il peut donc avoir fouffert des alterations avant que je l'aye eû ; cette alteration qui paroît fur les deux 3. ne peut avoir été faite que de concert entre le Débiteur & le Créancier. Lesbros repartit pour l'Efpagne en 1713. il le dit lui-même dans fa lettre du 22. Mars 1738. *à la fin de 1713. je paffai en Efpagne.* Alors le billet, en le fuppofant de 1711. n'étoit point payé, comme il ne l'a jamais été depuis, ce fut à cette occafion que le fieur d'Antoine prorogea vraifemblablement le billet, & pour ne pas fe donner la peine d'en faire un nouveau, on fe contenta de retoucher les deux chiffres, ce qui fit un billet datté de 1713. pour être employé à la recolte de la même année, parce que le trajet de Marfeille en Efpagne, n'étant que de trois ou quatre jours, il y avoit plus de tems qu'il ne falloit, pour employer les 4500. livres en amandes ou en foye de la recolte de 1713. & pour faire voir que le beau-pere & le gendre étoient dans l'ufage de changer & de reformer de concert des chiffres pour l'arrengement particulier de leurs affaires, le fieur de Seguiran en rapporta une preuve, car les exemples domeftiques font toujours d'une grande force ; il produifit l'original d'un compte des années 1715. & 1716. fait & arrêté entre Lesbros & le fieur d'Antoine, dans lequel il paroiffoit, que prefque tous les chiffres étoient reformés & alterés, ce compte fut repréfenté à Lesbros en l'état où il étoit, il fut obligé de convenir que les alterations étoient de lui & du fieur d'Antoine, & qu'ils les firent pour faire quadrer les chiffres & fixer la folde. Ce fait refulte de la procédure.

On ne fçauroit omettre à propos de ce compte de 1715. & 1716. une obfervation qui fera voir & le caractere du Dénonciateur, & l'aveugle paffion des Parties du fieur de Seguiran. Lesbros fçavoit parfaitement que prefque tous les chiffres de ce compte étoient retouchés ; cependant il pouffa la calomnie jufqu'à dire au fieur de Gueidan que le fieur de Seguiran n'avoit pas feulement alteré les deux chiffres du billet, mais qu'il avoit encore alteré les chiffres d'un compte de 1715. & 1716. Le fieur de Gueidan fans examiner, fans voir l'original de ce compte, qui étoit entre les mains du fieur de Seguiran, écrivit à Paris pour prévenir les efprits contre fon Confrere, qu'on venoit de découvrir une telle autre fauffeté du fieur de Seguiran, celui-ci a la preuve de ces lettres ; cependant fes Accufateurs n'ont pas ofé l'attaquer fur ce prétendu faux, le Délateur a été forcé de convenir que c'étoit fon ouvrage, peut-on pouffer l'oppreffion plus loin ?

Le fieur de Seguiran, après s'être juftifié pleinement fur le billet de Lesbros, paſſa à celui des ſieurs Mathieu & Mouren, c'étoit un billet de 875. livres, datté du mois de Mars 1708. le chiffre 8. de cette datte paroiſſoit retouché & ſurchargé. Liſez, diſoit-il à ſes Juges, liſez la dépoſition des Experts, non-ſeulement ils dépoſent qu'ils ne peuvent pas déclarer que la ſurcharge de ce chiffre 8. ſoit de ma main; mais ils vont plus loin, & ils aſſurent qu'originairement il y a toujours eu un 8. ce que cette ſurcharge n'empêche pas de reconnoître. Donc ſi au moment que ce billet a été fait, qu'il a exiſté, il y a eu un 8. qui faiſoit 1708. n'ayant demandé à Matthieu & Mouren que le payement d'un billet de 1708. à quelle fin aurois-je pû vouloir alterer un chiffre, pour le laiſſer le même qu'il avoit toujours été. Si l'on demande d'où vient qu'il paroît retouché, la vraiſemblance naturelle eſt, que la même main qui avoit fait & datté le billet, avoit repaſſé ſa plume ſur le chiffre 8. & l'avoit ſurchargé, parce qu'il y a peu de gens qui du premier trait de plume faſſent ce chiffre exactement; d'ailleurs ajoutoit-il, il y a deux ans que ce billet n'eſt plus en mon pouvoir, qu'il eſt entre les mains de Matthieu & Mouren, à qui je le rendis quittancé, lorſqu'ils me payerent, n'aura-t-on pas pû pendant ce tems retoucher ce chiffre 8. peut-on raiſonnablement après cela venir me rechercher, ſur un billet payé, remis aux Débiteurs, qui ſeroient aujourd'hui non recevables à ſe plaindre. Auſſi ne paroiſſent-ils ici que comme des témoins qu'on a fait venir, pour tacher de donner quelque couleur à l'accuſation formée au ſujet du billet de Lesbros.

Si j'ai abonné ce billet à 300. livres, j'ai ſuivi ce que j'avois deja fait à l'égard de pluſieurs autres billets; le feu ſieur d'Antoine, qui étoit d'une negligence extrême à ſe faire payer, en avoit laiſſé pour des ſommes aſſez conſiderables, qui étoient ſur le point d'être perdus, ou par preſcription, ou par inſolvabilité; la Demoiſelle Bonnet devoit un billet de 300. livres, je l'abonnai à 150. livres, la veuve Robert en devoit un de 450. livres, je la quittai pour 300. livres, d'un billet de 500. livres, dû par le ſieur Arnaud, il n'en donna que 150. livres; ainſi quelle conſéquence tirer de la remiſe que j'ai faite à Matthieu & à Mouren, ſi ce n'eſt que j'ai ſuivi à leur égard le parti que j'avois pris, de preferer l'abonnement à la dure néceſſité de faire donner des aſſignations, & au riſque de perdre tout, par les changemens ſubits qui arrivent à la fortune des gens de Commerce.

Telles furent les défenſes du ſieur de Seguiran ſur ces deux billets; il repréſenta enſuite aux Chambres, que ſuivant la diſcipline

&

& l'usage de la Compagnie, lorsqu'un Officier y étoit accusé, quoiqu'il n'eût pour partie que les Gens du Roy, leurs parens au degré
de pere, fils, de frere, beau-frere, d'oncle & neveu germain, ne
pouvoient pas juger, comme suspects. Il en cita un exemple du 21.
Janvier 1709. tiré des Regiſtres de la Cour, & nomma vingt-cinq
Conſeillers, parens au dégré des ſieurs de Gueidan, d'Argens &
Rippert Avocat, & Procureurs Généraux ſes Parties, il requit
qu'ils s'abſtinſſent de juger, fon·requiſitoire fut écrit par le Greffier; mais au lieu de ſuivre l'uſage, & ce qui s'étoit pratiqué en
1709. il ne fut rien déliberé ſur cette recuſation, ſoit pour l'admettre, ſoit pour la rejetter, & ces vingt-cinq Conſeillers demeurerent Juges; tant on craignoit de manquer une condamnation,
qu'on pourſuivoit avec vivacité.

Ses Parties pouſſerent les choſes encore plus loin, elles voulurent
l'empêcher de rendre ſes défenſes publiques par la voye de l'impreſſion. De quatre Imprimeurs qu'il y a dans Aix, aucun ne voulut
ſe charger de les imprimer, ſans doute parce qu'on le leur avoit
défendu, il fut obligé de préſenter differentes Requêtes contre
David, pour lui faire enjoindre d'imprimer un Mémoire, qui
avoit pour titre, *Apologie du ſieur de Seguiran, Avocat Général* :
après bien des longueurs il obtint un Arrêt d'injonction; David
n'imprima ce Mémoire que très-lentement, il ne le remit que la
veille du Jugement, en ſorte que le ſieur de Seguiran étoit encore
à minuit dans les ruës pour en porter à ſes Juges. Dans ce Mémoire
le ſieur de Seguiran faiſoit un détail de pluſieurs faits, qui avoient
animé contre lui les ſieurs de Gueidan & d'Argens, & qui étoient
les ſeuls & les véritables motifs de la perſécution qu'ils exerçoient
contre lui; David eut la foibleſſe de communiquer ce Mémoire aux
ſieurs de Gueidan & d'Argens, ils l'obligerent de ſupprimer tous
ces faits, qui rempliſſoient les pages 134. 135. & 136. cet Imprimeur fit cette ſuppreſſion; & en effet on voit cette lacune dans ce
Mémoire, dans lequel après la page 133. on paſſe à la page 137.
le ſieur de Seguiran ſurpris de cette ſuppreſſion, préſenta ſur le
champ une Requête, dans laquelle il expoſa ces mêmes faits que
ſes Parties avoient fait ſupprimer dans ſon Mémoire imprimé.

Sur le recit exact des faits que l'on vient de rapporter, le Public
prévient le Jugement qui fut rendu, on n'y balança ni le Caractere
du Dénonciateur, homme de néant, homme lui-même accoutumé au faux, à la mauvaiſe foi, au vol, à la perſidie; ni celui de
l'accuſé homme de condition, Magiſtrat toujours irreprochable

dans fes fonctions, on ne voulut pas y démêler la paſſion particu-
liere, qui faiſoit agir ſes Parties ſous le voile ſacré du Miniſtere public; envain les preuves de l'innocence du ſieur de Seguiran écla-
toient dans l'information, dans les Pieces produites, l'aveuglement les cachoit, on ne penſa pas même qu'on alloit prononcer
ſur l'état d'un Citoyen, d'un Magiſtrat; queſtion qu'on ne ſçauroit trop péſer à la balance de la plus exacte Juſtice, & que dans
le doute il faudroit faire pencher du côté de la faveur. On ſaiſit
au contraire avidement le prétexte d'un crime chimérique, pour
couvrir des motifs qui partoient de plus loin. C'eſt dans cet eſprit
qu'on rend un Arrêt qui proſcrit de la Societé, ce Citoyen, ce
Magiſtrat; on le deshonore dans ſa Ville, dans la Province, dans le
Royaume; il ne craindra pas à ſon tour d'expoſer cet Arrêt aux
yeux de toute la France, perſuadé que ce ne ſera pas ſur lui que
la honte retombera. Par cet Arrêt on le déclare atteint & convaincu, d'avoir falſifié les dattes des billets de Lesbros, de Matthieu & Mouren. On le condamne à ſe démettre de ſa Charge
dans un an; on lui fait défenſes de remplir à l'avenir aucune
Charge publique; on ordonne, que deux Mémoires imprimés &
ſignifiés, ſeroient tirés du ſac, qu'une Requête, qu'il avoit préſentée le 14. Mars, où il expoſoit une partie des motifs, qui exci-
toient ſes Confreres contre lui, ſeroit brûlée par la main du Bourreau, comme ſi c'eût été un Ecrit ou impie ou ſeditieux. Enfin le
feu de la paſſion porte juſques ſur l'Avocat du ſieur de Seguiran;
Me. Dauthier, ſon Avocat, avoit ſigné ces deux Mémoires, où il
s'étoit renfermé dans une défenſe légitime; ſa ſignature, néceſ-
ſaire pour l'Impreſſion, étoit autoriſée de celle du ſieur de Seguiran & du Procureur; on décrete cependant cet Avocat de priſe
de corps.

Après avoir expoſé au Public un pareil Arrêt, on ſeroit tenté de
terminer ici la défenſe du ſieur de Seguiran, parce qu'il ſuffit de le
preſenter, pour y voir preſqu'à chaque mot la prévention, la paſſion
& l'oppreſſion, ce qui ſuffiroit ſeul, en matiere criminelle, pour l'a-
neantir. Mais ce qui va achever de démontrer, que la paſſion a
toujours préſidé ici, ce ſont les nullités dans leſquelles l'aveuglement a fait tomber, ſoit en commençant l'action, ſoit dans le cours
de la procedure, ſoit dans le Jugement; nullités qui fourniſſent
autant de moyens de caſſation. C'eſt ce qu'on va expliquer.

MOYENS DE CASSATION.

Le premier moyen de caſſation conſiſte à une contravention lit-terale à l'Art. vi. du Titre des Plaintes & Dénonciations de l'Or-donnance criminelle. On a vû dans le recit des faits, que Lesbros étoit Partie civile dans l'inſcription de faux incident, qu'il avoit formé aux Requêtes du Palais contre la Dame de Seguiran. Il n'y avoit point produit les lettres du ſieur de Seguiran ; mais il alla les remettre au ſieur de Gueidan, à qui il denonça le ſieur de Se-guiran, comme l'Auteur de cette alteration. Leſbros étoit donc le denonciateur du ſieur de Seguiran, puiſqu'il ne s'agiſſoit ici que d'un prétendu délit privé, que Leſbros tiroit des Lettres que le ſieur de Seguiran lui avoit écrites : Or quelle eſt l'obligation que l'Ordonnance impoſe indiſpenſablement dans ce cas ? La voici : *Nos Procureurs*, dit cet Article vi. *& ceux des Seigneurs, auront un Regiſtre pour recevoir, & faire écrire les dénuntiations, qui ſeront circonſtanciées, & ſignées par les Dénontiateurs.*

L'Ordonnance a pris cette judicieuſe précaution, pour aſſurer les dépens, & les dommages-interêts à celui qu'un Délateur calom-nieux auroit fait accuſer injuſtement, pour éviter qu'un ennemi ne pût impunément, & ſans riſque exercer ſa paſſion & ſa vengeance. Les ſieurs de Gueidan, d'Argens, & Rippert, ont negligé d'obſer-ver ce que l'Ordonnance preſcrit, ils n'ont point fait écrire la dé-nonciation dans leur regiſtre, ils ne l'ont point fait ſigner au Dé-nonciateur, ils ont voulu le favoriſer, & le laiſſer derriere la ſcene, pour le mettre à couvert des demandes en dommages & interêts, & en réparations ; & pour opprimer eux-mêmes le ſieur de Segui-ran, comme Parties publiques, ſans qu'il pût avoir de recours con-tre perſonne.

Le ſecond moyen de caſſation eſt pris d'une autre contraven-tion litterale à l'Article viii. du même titre des plaintes & dé-nonciations, cet Article porte : *Que s'il n'y a point de Partie civile, les Procès ſeront pourſuivis, à la diligence, & ſous le nom de nos Pro-cureurs.* Ici il y avoit une Partie civile, déclarée & connuë. Leſbros avoit formé ſon inſcription en faux incident aux Requêtes du Pa-lais, il prétendit enſuite que le ſieur de Seguiran étoit l'auteur de l'alteration des deux chiffres. Il s'agiſſoit donc ici d'un même fait déja attaqué aux Requêtes du Palais par la voye du faux incident, avec la jonction des Gens du Roy ; le ſieur de Gueidan lui-même y avoit plaidé, il exiftoit donc une Partie civile, les Gens du Roy la connoiffoient : Or c'étoit à cette Partie à attaquer le fieur de Seguiran au Parlement, ils fe feroient joints à elle, fuivant l'ufage ordinaire ; mais ils n'ont pû de leur chef intenter, fous leur nom feul, cette accufation en faux principal ; l'Ordonnance ne leur donne l'action, que lorfqu'il n'y a point de Partie civile, afin que les crimes ne demeurent pas impunis, c'eft ce qu'elle dit bien précifément par ces expreffions, *s'il n'y a point de Partie civile*. D'où il fuit, que lorfqu'il y en a une, ils ne peuvent pas agir fous leur nom feul ; parce qu'y ayant une Partie, & eux y étant toujours joints ; le crime n'eft jamais fans vengeur.

Ce que l'on vient d'obferver doit avoir lieu principalement dans les délits privés & cachés, tel que celui qu'on vouloit imputer au fieur de Seguiran, délit que Lesbros prétendoit tirer d'une erreur de datte, faite dans des Lettres particulieres, que le fieur de Seguiran lui avoit écrite. C'eft fans doute de cette efpece de délits dont parle ici l'Ordonnance : car quand on dit que les Gens du Roy font les vengeurs publics, qu'ils ont toujours l'action en main, il faut entendre cela avec précaution, & le reftraindre, fuivant les Criminaliftes, aux crimes publics, qui portent fur la focieté, qui la troublent, aux crimes d'éclat, aux flagrans délits, aux perfonnes diffamées ; mais le pouvoir des Gens du Roy s'étendra-t-il indiftinctement fur tout ? auront-ils la liberté indéfinie de pourfuivre des délits privés, inherans à une action civile, lorfqu'il y a déja une Partie civile qui a intenté fon action pour raifon de ce délit ? Si cela leur étoit permis, que d'inconveniens ! emportés par leurs paffions, ils feroient les maîtres de calomnier, d'opprimer, de fe venger, où feroit la fureté des Sujets du Prince ? Il faut cependant avouer à l'honneur de cette portion de la Magiftrature, que ces exemples font rares ; mais on en a vû, dont l'hiftoire eft confignée dans des monumens autentiques. Aujourd'hui le fieur de Seguiran eft la victime malheureufe de la paffion, qui a fait agir fes Parties fous le voile du Miniftere public ; voilà précifément ce que l'Ordonnance a voulu éviter. La pourfuite des fieurs de Gueidan, d'Argens, & Rippert, tandis qu'il y avoit une Partie civile connuë, opere donc un moyen invincible de caffation.

Dans la confection de la Procedure en faux principal qu'on a prife au Parlement contre le fieur de Seguiran, on a directement contrevenu à la difpofition de l'Ordonnance du mois de Juillet 1737, fur le faux principal & incident ; contravention qui préfente un troifiéme moyen de caffation inconteftable. Voici en quoi il confifte. Les Articles xix. & xx. de cette Ordonnance, au Titre du faux Incident, portent: Que lorfqu'il y aura un infcription formée en faux incident contre une piece, on ne pourra prendre la voye de l'infcription en faux principal, que quand l'infcription incidente ne fubfiftera plus ; ce qui peut arriver dars plufieurs cas, expliqués dans differens Articles. Le motif de la Loi eft évident, c'eft pour éviter que fur un même fait, il n'y ait à la fois deux accufations, deux informations, deux Jugemens. C'eft fur ce même fondement, que l'Article xxi. qui fuit, ne donne auffi aux Gens du Roy la liberté de prendre la voye du faux principal, que lorfque l'infcription en faux incident fera finie, ou n'exiftera plus ; ce qui eft litteralement marqué par ces expreffions, *fans que fous ce prétexte il foit furcis à l'inftruction, ou au Jugement de la conteftation, à laquelle l'infcription de faux étoit incidente.* Expreffions qui font les mêmes, dont l'Ordonnance venoit de fe fervir dans les deux Articles précedens. Or ces derniers termes, *à laquelle l'infcription de faux étoit incidente*, fuppofent nettement que l'infcription du faux incident doit avoir ceffé, & ne plus exifter, lorfque les Gens du Roy prendront la voye du faux principal, fans quoi la Loi fe contrediroit dans fon principal motif, ce qu'on ne fçauroit penfer ; il s'enfuivroit que tandis qu'une infcription de faux incident, à laquelle ils font toujours joints, fe pourfuivroit, ils auroient la liberté d'aller pour le même fait, former de leur chef une autre accufation en faux principal, d'où il pourroit fort bien arriver contrarieté de Jugemens ; dans un Tribunal on pourroit déclarer la piece bonne, dans l'autre la juger fauffe, ce qui feroit pour un même fait deux actions, deux procedures, deux Jugemens, & ce qui feroit encore auffi choquant une contradiction peu honorable à la Juftice. Ainfi lorfque ce même Article xxi. donne aux Gens du Roy dans tous les tems, & dans tous les cas, la liberté de prendre la voye de faux principal, elle n'a entendu parler que des tems & des cas qu'elle venoit d'expliquer, dans lefquels l'infcription du faux incident n'exiftoit plus : reftriction bien marquée par les dernieres paroles de cet Article, *à laquelle l'infcription de faux étoit incidente.* Par là l'Ordonnance a prévû le cas, où une Partie, qui fe feroit infcrite en faux incident, pourroit s'accommoder, & ceffer fes pourfuites, alors elle autorife les Gens du Roy à prendre la voye du faux principal, pour la vindicte publique, afin que le crime ne demeure pas impuni.

Il ne reste qu'à faire l'application du fait. Lesbros avoit intenté aux Requêtes du Palais l'action en faux incident, il pourfuivoit fon infcription , les Gens du Roy étoient joints à lui, & y avoient plaidé dans un incident de cette affaire ; tandis que cette infcription fe pourfuivoit aux Requêtes, fans en attendre l'évenement, ils s'en détachent tout à coup , & vont fur le même billet, prendre la voye du faux principal au Parlement contre le fieur de Seguiran; il ne pouvoit pas leur échaper, la preuve du faux, s'il y en avoit, ne pouvoit leur manquer, l'orignal du Billet étoit dépofé au Gréffe , l'accommodement n'étoit pas à craindre , le fieur de Seguiran étoit raffuré par fon innocence, & trop outré par la calomnie de Lesbros. On procede pourtant au Parlement, & on juge que le Billet eft falfifié dans la datte , & que c'eft le fieur de Seguiran qui eft l'auteur de ce faux. Cependant la même queftion refte à juger aux Requêtes du Palais , où l'infcription incidente exifte toujours; dans quel embarras n'y fera-t-on pas? fera-t-on obligé d'y fuivre la décifion de cet Arrêt? Dans ce cas, voilà des Juges qui n'ont plus la liberté de déliberer fur un fait, qu'ils peuvent fort bien ne pas trouver tel , qu'il l'a été au Parlement ; leur fera-il permis de s'en écarter ? Alors il n'eft pas douteux que, même fur les informations, d'après lefquelles cet Arrêt a été rendu, il faudra déclarer qu'il n'y a point de faux dans ce Billet, d'où il réfulteroit que fuivant le Parlement ce même Billet feroit faux, & qu'il ne le feroit pas aux Requêtes du Palais. Cet Arrêt a encore décidé du bien de la Dame de Seguiran fans l'entendre , c'eft à elle qu'appartient ce Billet; c'eft elle qui en avoit demandé , & qui en pourfuivoit le payement aux Requêtes du Palais ; quel avantage cet Arrêt ne va-t-il pas donner à Lesbros contr'elle? Il ouvrira une nouvelle porte à fes chicannes, il prétendra qu'il ne doit pas payer un Billet, dont la datte eft déclarée fauffe; quoique ce même Billet foit écrit & figné de fa main , ce qui n'eft pas contefté , quoiqu'il n'en produife ni quittance , ni équivalent , il prétendra trouver fa décharge dans cet Arrêt ; ce qu'il n'a pû faire depuis deux années qu'on le pourfuit, qu'on l'interpelle, cet Arrêt l'aura fait pour lui. Peut-on fauver des contradictions fi choquantes, dans lefquelles on eft tombé par la contravention litterale à l'Article xxi. de l'Ordonnance de 1737? L'Arrêt fondé fur une pareille procedure eft donc abfolument nul.

Une autre contravention à l'Art. li. du Titre du faux principal dela même Ordonnance, préfente un quatriéme moyen de caffation. Cet Article parle des pieces de comparaifon, que remet un Accufé, pour faire voir, qu'il n'eft pas l'auteur du faux; il porte : *Qu'en cas que ces pieces de comparaifon foient admifes, il fera procedé à une nouvelle information, fur ce qui peut réfulter defdites pieces, dans la forme prefcrite par les Arricles* XXII. & XXIII. & *ce à la requête de la Partie publique, & par les mémes Experts qui auront déja été entendus.*

Cet Article n'a nullement été obfervé, parce qu'on ne vouloit trouver de coupable, que le fieur de Seguiran. Il remit aux Commiffaires plufieurs pieces ; en premier lieu, ce compte de 1715. & 1716. où prefque tous les chiffres avoient été changés, & alterés par le fieur d'Antoine & par Lesbros, ce qu'ils avoient fait de concert, pour faire quadrer ce compte. Il leur remit encore fept lettres, & un faux extrait d'un contrat de mariage, tout cela écrit de la main de Lesbros, il remettoit toutes ces pieces, pour fervir de comparaifon; par elles on auroit pû voir, que la prétenduë alteration des deux chiffres du billet, pouvoit être de la main ou du feu Sr. d'Antoine, ou de Lesbros; les Commiffaires reçurent, & admirent ces pieces; mais ils n'en firent point d'ufage, les Gens du Roy, ne demanderent point qu'il fût procedé à une nouvelle information; il ne fut point nommé d'Experts pour les examiner, parlà ces pieces font devenuës inutiles, on a privé le fieur de Seguiran d'une défenfe légitime, on l'a empêché de dévoiler la fourberie de fon Dénonciateur; une inobfervation auffi marquée doit faire anéantir l'Arrêt que le fieur de Seguiran attaque.

Voici une autre contravention qui paroîtra bien extraordinaire, & qui fournit au fieur de Seguiran un cinquiéme moyen inévitable de caffation. Ce moyen confifte à avoir formellement contrevenu aux Art. premier & IV. du Titre des Informations de l'Ordonnance criminelle. L'Art. premier porte : *Que les Témoins feront adminiftrés par nos Procureurs, ou ceux des Seigneurs, comme auffi par les Parties Civiles.* La maniere de les adminiftrer, eft de les faire affigner pour venir dépofer, c'eft ce que prefcrit l'Article IV. *Les Témoins avant que d'être ouis, feront apparoir de l'Exploit qui leur aura été donné, pour dépofer, dont fera fait mention dans leurs dépofitions.* Cet Article n'excepte qu'un cas, où les Juges pourront entendre d'office les Témoins, c'eft le flagrant délit: *Pourront néanmoins les Juges entendre les Témoins d'office, & fans affignation, en cas de flagrant délit.*

C'eſt ſur des motifs bien importans que l'Ordonnance a impoſé l'obligation de faire aſſigner les Témoins, ſans cette précaution un homme accuſé ſeroit perdu ſans reſſource ; des ennemis ſecrets, des gens affidés à l'Accuſateur, viendroient ſe préſenter d'euxmêmes, ſur leurs dépoſitions les Juges ſeroient forcés de condamner ; qui eſt-ce qui ſeroit aſſuré de ſa vie & de ſon état ? C'eſt cependant ce qu'on a pratiqué ici. La premiere information faite ſur la Requête de plainte des ſieurs de Gueidan, d'Argens & Rippert contre le ſièur de Seguiran, commença le premier Novembre 1739. & fut cloſe par le Decret d'ajournement, rendu le 26. du même mois. Les Commiſſaires s'aviſerent enſuite de faire d'office une ſeconde information, ils la compoſerent d'un nommé Arnaud, Commis de Matthieu ; ce Témoin affidé, & recherché, vint ſe préſenter, il fut entendu d'office, & ſur cette nouvelle information compoſée de ce Témoin, il fut rendu aux Chambres aſſemblées un nouveau Decret le 5. Décembre, portant que le ſieur de Seguiran répondroit ſur les charges qui en réſultoient. Ce Decret nous fournit lui-même la preuve que ce Témoin fut entendu d'Office. Voici comme il eſt conçu : *Vû par la Cour, les Chambres aſſemblées, la procedure priſe à la requète du Procureur Général du Roy, contre Me Jean-François de Seguiran, Avocat Général en la Cour, & les auditions d'office de Sebaſtien Arnaud*, priſes per Mes de Morel de Mons & Dorſin, Commiſſaires, &c.* Voila donc le fait conſtaté par le Decret même ; car entendre d'Office un Témoin, c'eſt l'entendre, ſans qu'il ait été aſſigné ; ce qui eſt le renverſement d'une des principales regles que l'Ordonnance criminelle ait preſcrites ; & qui prouve l'envie qu'on avoit d'accabler l'Accuſé.

Si le Parlement d'Aix a été dans cette affaire ſi peu religieux obſervateur des Ordonnances, on ne ſera pas étonné qu'il ait contrevenu à ſa propre Juriſprudence, en matiere de diſcipline, contravention qui fait un ſixiéme moyen de caſſation. C'eſt une regle obſervée de tout tems dans cette Compagnie, que lorſque le Procureur Général y accuſe un Officier, les parens du Procureur Général au dégré de pere, fils, de frere, beau-frere, d'oncle & neveu germain, ne peuvent pas être Juges de l'Accuſé ; Juriſprudence ſagement établie, pour éviter que le Procureur Général, à l'ombre du Miniſtere public, n'eût la facilité de ſatisfaire ſa haine , & ſa paſſion. Cette Juriſprudence eſt conſignée dans les regiſtres de cette Cour ; le ſicur ce Seguiran ſe bornera à un

ſeul

feul exemple tiré de ces regiftres. *Le 11. Janvier 1709. M. le Premier Préfident a dit, que s'agißant d'une Mercuriale, il faut décider fi les proches parens peuvent juger. Sur quoi M. le Confeiller de Montvallon a dit : Qu'il eft neveu germain de M. le Procureur Général de la Garde : mais que s'agiffant d'une affaire de difcipline, il ne fçavoit pas s'il devoit refter Juge.*

L'Accufé a réprefenté qu'il eft vrai, que fuivant l'ufage de la Compagnie, les parens ont toujours jugé aux affaires de difcipline ; mais qu'on a exclu les pere, fils, freres, beau-freres, oncles & neveux germains, & M. de Montvallon eft au cas.

M. de la Garde a dit au-contraire, que le neveu germain n'y eft pas, mais feulement l'oncle, & fe font retirés.

. Ceux des Gens du Roy qui étoient reftés, dirent: *Que puifque fuivant l'ufage de cette Compagnie, l'oncle germain ne peut pas juger, c'eft une conféquence que le neveu doit aufi abftenir. Sur quoi a été arrêté, que Mr. de Montvallon abftiendroit.*

. Le fieur de Seguiran propofa la même recufation d'abord aux Commiffaires mêmes, il protefta que le fieur Dorfin, l'un d'eux, étoit fufpect, comme beau-frere du fieur de Rippert, Procureur Général ; il la renouvella enfuite, & l'augmenta dans fes dernieres réponfes aux Chambres affemblées, il y récufa vingt-cinq Confeillers qu'il nomma, tous parens de fes Accufateurs aux dégrés prohibés. Il fit écrire cette recufation par le Greffier ; cependant lé Parlement ne ftatua rien, foit pour l'admiffion, foit pour le rejet de la récufation, ces vingt-cinq parens demeurerent Juges, quoiqu'ils ne puffent pas ignorer leur fufpicion, le fieur de Montvallon même, qui avoit été déclaré fufpect en 1709. comme neveu du fieur de la Garde, alors Procureur Général, ne s'abftint point, quoiqu'il fût beau-frere du fieur d'Argens, l'une des Parties du fieur de Seguiran.

Or il n'eft pas douteux que la contravention aux Arrêts, & à la Jurifprudence conftante d'une Compagnie, ne foit un moyen de caffation très-confiderable. Si on n'a pas voulu fuivre dans cette occafion cette Jurifprudence, le motif eft bien évident, on vouloit à coup fûr, faire condamner le fieur de Seguiran ; ce qui ne feroit pas arrivé, fi ces vingt-cinq Juges fufpects n'avoient pas jugé ; pourquoi priver le fieur de Seguiran d'un droit, que l'ufage de fa Compagnie, lui avoit acquis, comme à tous fes autres Membres ? Pourquoi ne pas fuivre à fon égard, ce qu'on avoit execute en 1709. conformément à cet ufage ?

D

Inutilement, oppoſeroit-on, que par une Déclaration de 1683. il eſt défendu d'évoquer du chef des Gens du Roy, lorſqu'ils ſont ſeuls Partiés. Les évocations ſont regardées autrement que les récuſations, ſur-tout en matiere criminelle, où il s'agit de l'état des perſonnes ; l'évocation eſt de rigueur de Droit, on la renfer-me dans des bornes étroites, parce qu'elle tend à dépoüiller le Tribunal entier, à ſe ſouſtraire à ſes Juges naturels, ce qui renverſeroit l'ordre des Juriſdictions. Par la récuſation au-contraire, celui qui récuſe ne demande point à éviter le Tribunal, qui eſt ſon Juge, il demande ſeulement que ceux qui lui ſont ſuſpects, comme parens de ſes Parties, ne puiſſent pas le juger. Ce qui eſt regardé favorablement en matiere criminelle. N'eſt-il pas juſte en effet de tranquiliſer l'eſprit d'un Accuſé, de ne lui préſenter que des Juges, contre leſquels il ne puiſſe avoir aucun ſoupçon ? Il n'eſt point de bon Juge, de Juge impartial, qui veuille laiſſer cette inquiétude à un Accuſé. Si les vingt-cinq Juges que le ſieur de Seguiran récuſa, s'étoient retirés, le Parlement reſtoit encore aſſez nombreux pour juger cette affaire.

On a obſervé dans le moyen que l'on vient d'établir, que le ſieur de Seguiran avoit d'abord récuſé le ſieur d'Orſin un des Commiſ-ſaires, comme étant beau-frere du ſieur de Rippert, Procureur Général, qu'il récuſa enſuite aux Chambres aſſemblées vingt-cinq Conſeillers qu'il nomma tous parens de ſes Accuſateurs aux dégrés prohibés par la Juriſprudence de la Compagnie, & qu'il fit écrire cette récuſation par le Greffier. Voilà donc une récuſation conſtatée par écrit, faite au Parlement aſſemblé, & en préſence de ces vingt-cinq Juges, qui n'ignoroint point leur parenté, & par conſéquent la cauſe de leur ſuſpicion ; cependant il ne fut rien ſtatué pour admettre, ou pour réjetter la récuſation ; cette omiſſion forme un ſeptiéme moyen de caſſation, parce que c'eſt avoir contrevenu à l'obligation, que l'Ordonnance impoſe aux Juges de prononcer ſur les recuſations propoſées ; cette obligation de ſtatuer ſur les récuſations, eſt écrite dans preſque tous les Articles de l'Ordonnance de 1667. au Titre des récuſations. On ne s'eſt écarté dans cette occaſion de la diſpoſition de l'Ordonnance, que parce qu'on a vû, que ſi on déliberoit, on ne pourroit pas éviter de ſuivre la Juriſprudence de la Compagnie, & d'écarter ces vingt-cinq Conſeillers, comme ſuſpects, ce qui auroit fait manquer la condamnation qu'on pourſuivoit avec chaleur. Le Parlement n'a donc pû ſe diſpenſer de l'obſervation de l'Ordonnance , il devoit toujours ſtatuer , ou pour admettre la réculation , ou pour la rejetter.

On a vû dans le récit des faits, que le ſieur de Seguiran préſenta une Requête contre les ſieurs de Gueidan , d'Argens, & Rippert, dans laquelle il expoſoit les motifs de haine & de vengeance qui les faiſoient agir contre lui, il la remit au Rapporteur pour y mettre ſon Ordonnance de ſoit communiqué, & ſignifié, celui-ci remit cette Requête aux Parties du ſieur de Seguiran ; ainſi ſans qu'elle ait jamais été ſignifiée, ſans qu'elle ſoit devenuë par-là piece du Procès, les ſieurs de Gueidan, d'Argens & Rippert y concluent , ils ſe vengent eux-mêmes, & requierent qu'elle ſoit brûlée par la main du Boureau ; l'Arrêt dont le ſieur de Seguiran ſe plaint , fait droit ſur ces concluſions , & l'ordonne de même.

Il reſulte de là deux nouveaux moyens de caſſation , l'un tiré de ce que, ſi les ſieurs de Gueidan, d'Argens & Rippert, ſe croyoient perſonnellement offenſés par cette Requête , ils ne pouvoient pas la conclure eux-mêmes, ce n'étoit pas ici le cas du Juge inſulté verbalement par une Partie lorſqu'il ſiege ſur ſon Tribunal ; mais le Parlement auroit dû commettre un Subſtitut. L'autre moyen conſiſte en ce que cette Requête n'ayant jamais été communiquée, ni ſignifiée, elle n'a pû être regardée comme une piece du Procès, par conſéquent on n'a pû y prononcer.

Enfin l'oppreſſion qui a éclaté ſi ouvertement dans toute cette affaire , fournit au ſieur de Seguiran un dernier moyen victorieux de caſſation. Ce moyen d'oppreſſion eſt pris, de ce qu'il n'y avoit pas lieu d'agir criminellement contre le ſieur de Seguiran.

Pour prendre la voye criminelle, il faut qu'il ait été commis une action , qui offenſe ou la Societé en général , ou quelqu'un en particulier. Si dans un fait , perſonne ne ſouffre , ni dans ſes biens , ni dans ſa perſonne , ni dans ſon honneur , c'eſt-à-dire , s'il n'y a ni délit , ni corps de délit , il eſt évident qu'on ne ſçauroit agir criminellement contre celui , auquel on voudroit imputer ce fait.

Il n'étoit pas poſſible, ſans une calomnie manifeſte, d'agir criminellement contre le Sr. de Seguiran , au ſujet de la prétenduë alteration des deux chiffres 3. qui faiſoient 1 7 1 3. ſur le Billet dont il s'agit, parce que ce Billet n'appartenoit pas au Sr de Seguiran; ce n'étoit pas lui qui en demandoit le payement , c'étoit la Dame de Seguiran libre dans ſes biens ; en ſcond lieu , c'étoit un Billet écrit , & ſigné de la

main du Débiteur, dont il convenoit avoir reçû la valeur, dont
il ne rapportoit aucune quittance; il prétendoit feulement que ce
billet étoit originairement datté de 1711. & que c'étoit le fieur de
Seguiran qui en avoit alteré deux chiffres, pour faire 1713. Mais
le fieur de Seguiran avoit-il quelque interêt à cela? Cette alteration
auroit-elle rendu le billet meilleur? Il étoit valable telle datte qu'il
eût, il étoit tout aufli bien dû avec la datte de 1711. ou de 1712.
comme avec celle de 1713. la Dame de Seguiran avoit donné à
Lefbros le choix des dattes, rien ne pouvoit arrêter la demande de
ce billet qu'une quittance; tous ces faits étoient parfaitement
connus des fieurs de Gueidan, d'Argens & Rippert, ils voyoient
bien clairement que le fieur de Seguiran n'auroit eû aucun interêt
à faire cette alteration, donc fi Lefbros n'étoit point lezé, telle
datte qu'eût le billet, point de crime, point de délit, point de
faux, c'eft le langage de la loi: *Cùm non nifi dolo malo falfum com-*
mittentes crimini fubjungentur. * Conféquemment on n'a pû prendre
contre le fieur de Seguiran la voye criminelle; on n'a faifi ce prétexte que pour l'opprimer; c'eft fans doute une oppreffion marquée,
que d'accufer & de pourfuivre un innocent.

Si de l'action on paffe au jugement, on y voit à chaque pas les
traces de cette oppreffion; on y déclare d'abord le fieur de Seguiran atteint & convaincu, d'avoir falfifié les dattes des billets de
Lefbros & des fieurs Matthieu & Mouren, on le condamne à fe
défaire de fa Charge dans un an, on lui fait défenfes de jamais
exercer de Charge publique. A la lecture d'un jugement aufli fou-
droyant contre un homme de condition, contre un Magiftrat toujours irréprochable, la premiere réflexion qui fe préfente à l'efprit, eft de demander s'il eft poffible qu'on ait pû rendre un pareil
Arrêt, fans qu'il y eût des preuves convaincantes; & même malgré ce qui réfultoit des informations, le Parlement d'Aix a donné
dans cette affaire un exemple de cette poffibilité. L'innocence du
fieur de Seguiran étoit évidente, mais le Parlement a voulu d'autorité, au défaut du crime, faire un criminel. Cette démonftra-
tion eft aifée à faire, il n'y a qu'à comparer ce jugement avec ce qui
réfultoit de la procédure, & des pieces qui y étoient jointes, on
les a rapportées; le Public eft en état de faire cette comparaifon;
qu'on préfente ces informations à tous les Tribunaux du monde, il
ne s'en trouvera point qui ne prononce l'innocence du fieur de
Seguiran, fi on veut y fuivre les maximes les plus communes. Per-

* La Loy 20. au Code *Ad legem Corneliam de falfis.*

sonne n'ignore, qu'en matiere criminelle les vrais Juges sont les témoins, dans le crime de faux ce sont les Experts ; les Tribunaux ne font autre chose que déclarer, que les témoins ont convaincu l'accusé, & ordonner la peine prononcée par la loi : ici les témoins avoient établi l'innocence du sieur de Seguiran, & les Juges de leur Tribunal l'ont déclaré criminel, ils ont voulu voir de leur place ce que des Experts habiles observateurs n'avoient pû appercevoir ; ainsi au défaut de preuve positive ils ont imaginé que le sieur de Seguiran avoit voulu commettre un faux, ils ont pénétré jusques dans son cœur, & l'ont puni de l'idée qu'ils lui ont supposée. Un pareil jugement n'est pas une simple injustice, c'est une oppression criante.

Si dans les matieres ordinaires la seule injustice du fonds, n'est pas regardée comme un moyen de cassation, c'est parce qu'on présume que les Juges ont jugé, suivant leurs lumieres, des questions souvent douteuses, & qui peuvent avoir deux faces ; mais en matiere criminelle, lorsqu'on verra des Juges décider tout le contraire des dépositions des témoins, lorsqu'on ne verra dans l'esprit de ceux qui agissent, qui informent, qui jugent que de la chaleur & de la fermentation, lorsqu'on n'appercevra qu'un Tribunal prévenu, rempli de Juges suspects, qu'on ne trouvera dans son jugement que l'expression de la passion & du caprice, alors pourra-t-on regarder un tel jugement comme une simple injustice ? ou plutôt ne sera-t-il pas lui-même une preuve parfaite de l'oppression ? Or Sa Majesté, Protectrice de ses Sujets, a toujours regardé l'oppression comme un des plus forts moyens de cassation, parce que par elle les Juges se font dépouillés du caractere respectable de Juges, pour faire le personnage passionné de Partie ; de-là vient que leur jugement n'est regardé que comme l'ouvrage de la passion.

Elle ne se manifeste pas seulement dans le premier chef de cet Arrêt si injurieux au sieur de Seguiran, tous ses traits sont encore marqués dans les autres ; le sieur de Seguiran avoit fait imprimer deux Mémoires, où il s'étoit renfermé dans les bornes d'une défense légitime. Il avoit été forcé de présenter une Requête, dans laquelle il expliquoit une partie des faits, qui avoient excité contre lui la passion & la persécution des sieurs de Gueidan, d'Argens & Rippert, ses Parties. On ordonne la suppression de ces deux Mémoires, & que la Requête seroit brûlée par la main du Bourreau. Jusqu'à présent on n'avoit imprimé cette flétrissure que sur des Ecrits ou impies, ou séditieux ; mais le Parlement d'Aix juge cette Requête digne du feu, eſt-ce par motif de Religion, ou de bien public? ou plûtôt n'eſt-ce pas pour ôter au Public la connoiſfance de l'injuſtice énorme que l'on rendoit, & qui étoit démontrée dans ces Ecrits?

Le ſieur d'Autier, Avocat du ſieur de Seguiran, avoit ſigné ces deux Mémoires imprimés, ſa ſignature étoit autoriſée de celle du ſieur de Seguiran & de ſon Procureur. Le dernier chef de cet Arrêt décrete cependant cet Avocat de priſe de corps. Il eſt obligé de ſe cacher, de perdre ſon état; on ne s'en tient pas là, & comme ſi c'eût été un voleur public, & un aſſaſſin qui eût infecté la Province, on envoye ſon ſignalement aux Brigades de la Maréchauſſée, on le fait chercher partout, une de ces Brigades va, ce ſignalement à la main, en faire la perquiſition chez le ſieur de Seguiran, où cet Avocat ne logeoit point, s'il avoit eû le malheur d'être arrêté, on l'auroit condamné aux Galeres; c'eſt ainſi qu'on aſſure, que quelques-uns des Juges s'en expliquerent. Il regne une violence ſi tirannique dans un pareil procedé, qu'on craint que le Public ne regarde ce recit, quelque vrai qu'il ſoit, comme une exagération outrée : mais quand d'une autorité, qui doit être reglée ſur la Juſtice & la moderation, on s'en fait dans le fonds d'une Province un pouvoir arbitraire, alors on ſe croit tout permis, on condamne, on opprime, on met les Sujets du Prince hors d'état de venir de ſi loin ſe réfugier aux pieds du Thrône, & il ne leur reſte après la perte de leurs biens, & de leur honneur, que des cris inutiles; un gouvernement auſſi reſpectable que celui, ſous lequel la France a le bonheur de vivre, arrêtera & reprimera ſans doute de pareils excès.

Le ſieur de Seguiran eſt bien éloigné cependant de comprendre dans ſes plaintes tous ceux des Officiers du Parlement, qui ont été Juges dans cette affaire, il reconnoîtra toujours avec plaiſir dans pluſieurs d'entr'eux, incapables de ſe livrer au torrent d'une paſſion injuſte, le ſçavoir, le merite, & l'intégrité, qui les diſtinguent. Si leurs opinions, qui ont percé, quelques religieux Obſervateurs, qu'ils ayent été du ſilence, euſſent prévalu, le ſieur de Seguiran, ne ſe trouveroit pas aujourd'hui la victime de la paſſion; les uns convaincus de ſon innocence par les informations, vouloient le renvoyer dès-à-préſent de l'accuſation, les autres la faire dépendre de l'évenement de l'inſcription de faux incident, que Lesbros avoit formée aux Requêtes du Palais; car diſoient-ils, ſi aux Requêtes du Palais le billet eſt déclaré bon & valable, & que

Lesbros foit condamné à le payer, il s'enfuivra de-là qu'on accu-
feroit inutilement le fieur de Seguiran au Parlement, d'avoir voulu
alterer un billet qui étoit dû, opinion judicieufe, mefurée, qui ne
préjudicioit, ni ne donnoit de droit à perfonne ; on n'a pû y réfifter
que parce qu'on étoit aveuglé par la paffion qui faifoit agir les prin-
cipaux Acteurs de cette affaire, les fieurs de Gueidan, Avocat Général, & d'Argens, l'un des Procureurs Généraux.

Le fieur de Seguiran fe plaint, dira-t-on, que ces Magiftrats ont
moins agi par zèle pour la Juftice, qu'animés par un efprit de paffion & de vengeance ; mais une plainte vague, qui n'eft étayée
d'aucuns faits, pourra-t-elle faire préfumer qu'ils ayent violé à
l'égard d'un Confrere, les regles de la Juftice, & jufqu'aux fenti-
mens de l'humanité ?

Le fieur de Seguiran eft donc malheureufement forcé, pour répondre à un éclairciffement, que le Public ne manquera pas de
demander, d'expofer ici une partie des diffenfions, pour ainfi dire
domeftiques, qui l'ont divifé d'avec fes Confreres, & qui font les
feuls motifs de l'affaire qu'ils lui ont fufcitée ; car prefque tous les
évenemens confiderables, qu'on prend foin de voiler de prétextes
fpécieux, ont ordinairement des caufes fecretes & ignorées. Sur le
recit de quelques faits particuliers, ce même Public jugera fi le
fieur de Seguiran a merité la perfécution indigne que fes Confreres
lui font fouffrir.

Charles VIII. en créant le Parlement d'Aix, établit deux Procureurs Généraux, exemple à la verité unique, mais dont l'admi-
niftration de la Juftice n'a jamais fouffert, parce qu'ils fe partagent
alternativement l'exercice du Civil & du Criminel. En 1726. les
deux Procureurs Généraux étoient le feu fieur de Vergons & le
fieur d'Argens. Celui-ci, d'intelligence avec le fieur de Gueidan,
imagina de dépoüiller le fieur de Vergons, qui étoit plus âgé que
lui ; pour parvenir à fon but, il envoya des Mémoires à la Cour,
dans lefquels il difoit, que le partage de la Charge de Procureur
Général étoit contraire au bien de la Juftice, qu'il conviendroit
de la rendre unique, ainfi qu'elle l'étoit dans tous les autres Par-
lemens ; & pour achever d'y déterminer le Miniftere, on prétend
qu'il y infinua des faits peu honorables à la réputation du feu fieur
de Vergons, dont l'integrité, connuë dans la Province, faifoit ce
pendant le principal caractere. Le Miniftere fut furpris, Sa Ma
rendit un Edit au Mois d'Avril 1726. qui ordonna, qu'ap
mort de l'un des deux Procureurs Généraux, la Charge de

roit unie dans la perſonne du ſurvivant ; ce qui empêchoit le ſieur de Vergons, plus âgé que ſon Confrere, de trouver un prix con-venable de ſa Charge, au cas qu'il voulût la vendre.

Cet Edit fit de l'éclat dans Aix, les ſieurs de Trets & de Seguiran, Avocats Généraux, auſquels le ſieur d'Argens avoit caché ſon deſſein, crurent devoir ſe joindre au ſieur de Vergons, ils prirent la liberté de faire des repréſentations à Sa Majeſté ; le Parlement la ſupplia auſſi très-humblement par des remontrances, de vouloir bien ordonner que ſon Edit demeurât ſans exécution ; le feu ſieur de Vergons vint défendre ſa cauſe, le Roy reconnut que ſa Religion avoit été ſurpriſe ; M. le Chancelier écrivit de ſa part au Parlement, que ſes remontrances avoient eû le ſuccès qu'il pouvoit en attendre, & que Sa Majeſté trouvoit bon qu'il lui renvoyât l'Edit. Le Roy fit enſuite l'honneur au ſieur de Vergons de lui accorder une augmentation de penſion de 1000. livres ; la preuve du parti que le ſieur de Seguiran prit dans cette affaire pour le ſieur de Vergons, réſulte des Lettres de remerciment que celui-ci lui écrivit ; on jugera aiſément que le ſieur de Seguiran ayant fait manquer par une oppoſition auſſi juſte, le coup que le ſieur d'Argens vouloit porter à ſon Confrere, il n'y a eu depuis aucune intelligence entre les ſieurs d'Argens & Gueidan unis, & le ſieur de Seguiran ; telle eſt la premiere cauſe de leur paſſion & de l'eſprit de vengeance qu'ils ont conſervé ; auſſi n'ont-ils négligé aucune occaſion de les lui faire reſſentir.

C'eſt un uſage ancien au Parquet du Parlement d'Aix, que M^{rs.} les Avocats & Procureurs Généraux ſe tranſportent chez celui d'entre-eux, qui doit porter la parole, ſoit dans des rentrées ſoit dans d'autres occaſions publiques, pour y lire le diſcours qui doit être prononcé. Depuis l'année 1731. les ſieurs de Gueidan & d'Argens ne voulurent plus aller chez le ſieur de Seguiran, lorſque c'étoit à lui à porter la parole.

En 1734. le ſieur de Gueidan vendit une maiſon au ſieur de Fulque, allié du ſieur de Seguiran, il y eut quelques conteſtations entre le vendeur & l'acheteur, il étoit naturel que le ſieur de Seguiran s'intereſſât pour ſon allié, le ſieur de Gueidan en fut offenſé.

Le nommé Pourpre, du lieu de Limans fut accuſé en 1736. d'avoir étranglé ſon fils, il demanda la caſſation de la procédure ; le ſieur de Gueidan portant la parole, prétendit que cet homme étoit pleinement convaincu par les informations du Parricide de ſon fils, la procédure fut confirmée. Les filles de Pourpre qu'on

avoit

avoit enveloppé dans cette accusation, se pourvûrent ensuite de leur côté en cassation de cette même procédure, le sieur de Seguiran y plaida & conclut à la confirmer; mais comme les informations lui avoient été remises, il fut en état d'en rendre compte, & fit voir que les accusés n'avoient rien à craindre au fonds, qu'en examinant avec attention les informations, on y verroit évidemment l'innocence du pere & de ses filles.

Me. d'Autier Avocat, qui est le même que le Parlement d'Aix a décreté de prise de corps dans l'affaire du sieur de Seguiran, fit un Mémoire, pour défendre ces accusés au fonds; il disoit dans un endroit, *M. le Procureur Général a plaidé deux fois dans cette affaire, la * premiere fois il a prétendu que par les informations il étoit évidemment prouvé que Pourpre étoit coupable du Parricide de son fils. La ** seconde fois le même M. le Procureur Général a fait voir, que par les informations même l'innocence de Pourpre & de ses filles étoit évidente.* La Cour jugera, lequel de ces deux avis contradictoires, fondés sur les mêmes charges, doit être suivi.

* C'étoit le Sieur de Gueidan.

** C'étoit le Sieur de Seguiran.

Lorsqu'il fut question au Parquet de conclure au fonds, il y avoit quatre Opinans; sçavoir, les sieurs de Gueidan, d'Argens, Rippert & Seguiran. Les trois premiers opinerent à condamner Pourpre à la roüe, le sieur de Seguiran au contraire étoit d'avis de le renvoyer de l'accusation.

Cette contrarieté totale d'opinions dans le Parquet fit beaucoup d'éclat au Parlement; les Juges qui devoient décider cette affaire, en furent surpris, & en parlerent au sieur de Seguiran; celui-ci plus touché de compassion pour des innocens, que par l'envie de faire prévaloir son opinion, leur remit son plaidoyer, dans lequel il avoit rapporté les charges avec exactitude, il les pria de les comparer avec les informations, & de péser les raisons qui l'avoient déterminé; par Arrêt rendu tout d'une voix, l'avis du sieur de Seguiran fut suivi. L'amour propre du sieur de Gueidan fut blessé de cette préférence, il le fut aussi de la maniere dont Me. d'Antier avoit parlé dans son Mémoire, & crut y appercevoir que c'étoit sur lui que tomboit le ridicule. Quand on s'offense aisément, on passe bientôt de l'indisposition à la haine, & de la haine à la vengeance. Le sieur de Gueidan ne s'y est que trop livré, & contre son Confrere, & contre cet Avocat.

Dans le mois de Juillet 1736. tems des Vacations du Parlement d'Aix, il arriva un évenement qui reveilla la haine du sieur de

Gueidan contre le sieur de Seguiran. Un Vicaire de la Paroisse de saint Sauveur refusa d'administrer les Sacremens à la Demoiselle d'Amblar; les Parens de cette Demoiselle avoient préparé un projet de requête à la Chambre des Vacations, où le sieur de Gueidan étoit de service, à ce qu'il fût enjoint au Curé d'administrer cette malade. Ce refus fit un grand éclat dans Aix; cette Demoiselle mourut sans Sacremens. Une Dame mit sur son Cercüeil une palme; c'est ainsi qu'elle fut enterrée. L'éclat de cette affaire parvint jusqu'au Roy; M. le Chancelier, qui sçavoit bien que le sieur de Gueidan étoit de service, puisqu'il a toujours la feüille de la Chambre des Vacations, écrivit au sieur de Seguiran de l'ordre du Roy, & lui ordonna de faire surseoir à toutes pourfuites à ce sujet, soit en la Chambre des Vacations, ou ailleurs, jusqu'à ce qu'il l'eût informé de cette affaire. Le sieur de Seguiran exécuta ces ordres, & eut l'honneur de rendre compte à M. le Chancelier. Le Vicaire qui avoit refusé les Sacremens, fut suspendu pour un tems de ses fonctions; le sieur de Gueidan ayant appris que le sieur de Seguiran venoit d'exécuter des ordres de M. le Chancelier, alla chez lui, & l'accusa avec hauteur d'avoir intercepté la lettre de M. le Chancelier, il prétendit qu'elle n'étoit pas adressée au sieur de Seguiran, mais à lui. Le sieur de Seguiran voulut bien entrer en justification, & lui fit lire non-seulement l'adresse de la lettre, mais encore son nom qui étoit dans le corps de la lettre, pour servir de mémoire à celui qui devoit mettre l'adresse; le sieur de Gueidan prétendit alors que le sieur de Seguiran auroit dû lui faire part de cette lettre, mais celui-ci lui repondit, qu'il n'avoit pas crû devoir divulguer des ordres qu'il recevoit de la Cour.

Le sieur de Gueidan a même poussé les choses si loin à l'égard du sieur de Seguiran, qu'il avoit entrepris de vouloir le frustrer des droits de sa Charge. C'est un usage au Parquet du Parlement d'Aix que l'ancien des Gens du Roy a droit de distribuer les affaires aux Substituts; mais il faut que celui qui fait cette distribution la fasse lui-même au Parquet; s'il n'y vient pas, & qu'il y ait des affaires à distribuer, c'est à celui qui est présent au Parquet à faire la distribution. Le sieur de Gueidan est l'ancien du sieur de Seguiran, il prétendit, sans se donner la peine d'aller au Palais, faire de chez lui cette distribution. Le sieur de Seguiran fut obligé de s'opposer à une entreprise, qui tendoit à lui enlever un droit de sa Charge.

Il résulte de tous ces faits qu'il regnoit depuis long-tems une mefintelligence déclarée entre les fieurs de Gueidan & d'Argens unis, & le fieur de Seguiran : mais il en réfulte en même tems, que c'eft toujours le fieur de Seguiran, qui a été injuftement perfécuté par fes deux Confreres. S'il s'employe à empêcher qu'ils n'enlevent la Charge du feu fieur de Vergons, en quoi il fait un Acte de juftice, de décence, d'humanité, il s'attire leur haine ; s'il fait voir dans une affaire importante, dans laquelle il concourt à fauver la vie à des innocens, que le fieur de Gueidan n'a pas penfé jufte fur les informations, l'amour propre de celui-ci s'en offenfe ; s'il exécute des ordres de la Cour, qui lui font perfonnellement adreffés, le fieur de Gueidan ofe l'accufer indécemment d'avoir intercepté le paquet ; s'il veut défendre les droits de fa Charge, on trouve mauvais qu'il réfifte. Pourra-t-on raifonnablement penfer après cela, que les fieurs de Gueidan & d'Argens ayent agi avec impartialité, & par le feul amour de la Juftice contre le fieur de Seguiran ? ou plûtôt n'eft-il pas évident, que ne pouvant attaquer ce Magiftrat du côté des fonctions, mais cherchant à fe venger, ils ont faifi indifcretement & fans réflexion l'affaire de Lefbros, à l'occafion de laquelle ils ont tenté une accufation calomnieufe, qu'ils n'ont pû faire réuffir que parce que vingt-cinq de leurs parens en ont été juges ?

En hazardant cette accufation, ils ont encore penfé, que n'agiffant que comme Parties publiques, le fieur de Seguiran ne pourroit avoir aucune action contre-eux, quelqu'évenement qu'eût cette affaire : mais ont-ils pû faire un abus auffi criminel du dépôt de la vindicte publique ? Ont-ils oublié qu'ils en étoient comptables au Prince, qui en a la propriété, & que lorfqu'on en abufe, il fçait reprendre le glaive pour l'appéfantir fur ceux, qui ne s'en font fervis, que pour fatisfaire leurs paffions particulieres. L'hiftoire nous en a tranfmis des exemples. M. le Préfident de Thou * rapporte, que le Préfident Peliffon avoit fait une vive reprimande par ordre du Parlement de Dijon à Jean Taboué, Procureur Général de ce Parlement ; ce dernier picqué de cet affront, ne put fe moderer, & s'abandonnant tout entier à fon reffentiment, il attendit une occafion favorable pour fe venger. Comme la fraude & la licence n'étoient pas encore montées au point, qu'on pût les mettre ouvertement en ufage, pour piller impunement les Finances du Roy, les Grands du Royaume, attentifs à s'enrichir, pour fournir aux dépenfes qu'ils faifoient à la Cour, profitoient habilement des accufations intentées & des crimes d'autrui, & avoient pour cet effet des Emiſſaires dans les Provinces, pour aſſouvir leur avidité. Taboué étoit pour cela en rélation depuis quatre ans avec le Duc de Guiſe, à qui le Roy avoit accordé la confiſcation des biens de tous ceux qu'on faiſoit mourir dans cette Province. Le Procureur Général Taboué accuſa de concuſſion, Peliſſon Préſident, Jean Briſſonnet, Louis du Roſet & Craſſins, Conſeillers. Le Parlement de Dijon, où le Duc en qualité de Gouverneur de la Bourgogne avoit une très-grande autorité, eut ordre de prendre connoiſſance de cette affaire ; on procéda donc dans toute la rigueur, Craſſins fut interdit de ſa Charge pour un an, on condamna Peliſſon à être banni, après avoir été mis au Pilory au milieu de la Place publique. On dépouilla Briſſonnet & du Roſet de leurs Charges, & on les condamna tous deux à des groſſes amendes : mais dans la ſuite le Connétable de Montmorency, qui ne s'accordoit pas avec les Guiſes, obtint du Roy en faveur de ces Magiſtrats condamnés, que le Parlement de Paris prendroit connoiſſance de leur affaire, quoiqu'elle eût été jugée par le Parlement de Dijon.

Le Parlement de Paris caſſa cet Arrêt par un Jugement qui portoit, que Taboué ſeroit pourſuivi en Juſtice comme calomniateur, & qui ordonnoit à ce ſujet une Enquête. Le Parlement de Dijon offenſé d'un pareil Jugement, & appuyé d'ailleurs par le Duc de Guiſe, envoya des Députés au Roy, pour repreſenter qu'on avoit bleſſé les uſages établis, en reformant mal-à-propos le Jugement d'une Cour ſupérieure. Le Roy panchoit tantôt d'un côté, & tantôt de l'autre, ſuivant les impreſſions différentes, qu'il recevoit des Seigneurs de ſa Cour qu'il aimoit ; enfin pour ſatisfaire le Duc de Guiſe, il fit venir Chriſtophle de Thou, Preſident à Mortier au Parlement de Paris, & les Conſeilers Claude Anjorran & Jacques Viole qui avoient été Juges en cette affaire. Le Preſident de Thou parla & expoſa les motifs de l'Arrêt du Parlement de Paris. Alors le Vice-Chancellier prononça au nom du Roy, que le Parlement de Dijon avoit jugé conformément à ſon opinion, & celui de Paris conformément à l'équité. Ainſi l'Arrêt du Parlement de Paris fut confirmé ; & on choiſit un nombre égal de Conſeillers de l'un & de l'autre Parlement, avec ſix Maîtres des Requêtes, pour informer touchant l'accuſation de Taboué. Le 12. d'Octobre de la même année les Commiſſaires déclarerent innocens Peliſſon, Briſſonnet & Craſſins, & condamnerent Taboué à

payer une somme confiderable pour les dépens du Procès, ou-
tre cela on le fit conduire par toute la Ville la tête & les pieds
nuds, la corde au col & une torche à la main , &c.

Voilà un Procureur Général , qui avoit abufé de fon miniftere
pris à Partie, déclaré calomniateur & condamné.

La mémoire eft encore recente d'un Arrêt célèbre du Confeil,
par lequel le Roy caffa, il y a quelques années, un Arrêt du Parlement d'Aix, & condamna perfonnellement à des dommages &
interêts , ceux des Gens du Roy & des Confeillers de la Tour-
nélle qui avoient condamné M. Laugier Avocat, aux galleres per-
pétuelles ; on croit inutile de rapporter ici les circonftances de cette affaire, il s'y paffa fans doute des chofes bien graves de la part
des Juges, pour avoir mérité une condamnation fi flétriffante.
C'eft le même Parlement, qui a condamné le fieur de Seguiran,
qui nous fournit ce fecond exemple de la Juftice fuprême du Prince,
protecteur de fes Sujets , il fçait les venger, & punir des Juges qui
ne fe font fervis de leur miniftere, que pour opprimer plus fûre-
ment des innocens.

Le fieur de Seguiran croit avoir fuffifamment établi fon innocence. Elle eft d'abord démontrée par rapport aux fonctions de
la Magiftrature. Le filence de fes perfécuteurs à cet égard fait fon
éloge , elle l'eft encore par l'accufation même ; ils l'accufent d'avoir
fait une alteration, à laquelle il n'avoit aucun interêt, parce que le
Billet, dont il s'agit , étoit dû , telle datte qu'on voulût choifir ;
parce que contre ce Billet, le Débiteur ne préfentoit ni quittance,
ni arrêté de compte, ni rien d'équivalent ; quelle nouvelle efpece
de crime feroit donc celle-ci ? L'Arrêt qui le charge d'avoir fait une
alteration qui feroit même de foi trés-indifférente , eft démenti par
les informations ; il n'y a ici ni crime, ni par conféquent de criminel ; où trouver le motif d'un pareil Jugement , fi ce n'eft dans
la paffion de fes Parties ? Cet efprit a paffé dans vingt-cinq Juges
qui étoient leurs parens au dégré prohibé par la difcipline du Parlement d'Aix , c'eft le même efprit qui leur a fait violer toutes les
regles de l'ordre judiciaire & de la Juftice ; ils n'ont vû dans le
fieur de Seguiran ni le Magiftrat intègre , ni l'abfurdité de l'accufation , ils n'ont vû qu'un ennemi qu'ils ont voulu deshonorer.
Ainfi l'Arrêt qu'il attaque, eft moins un Jugement qu'un atten-
tat & une voye de fait ; auffi eft-ce avec confiance qu'il ofe appro-
cher du Trône. Il efpere d'y recevoir de la main de fon Sou-

verain la réparation de fon honneur outragé, pour continuer de lui confacrer fes travaux dans l'exercice de la Magiftrature, avec la même pureté & le même zele qui l'ont conduit jufqu'à prefent.

Monfieur **MOREAU DE BEAUMONT**, *Maître des Requètes, Rapporteur.*

Me. **GRANET**, Avocat.

SEGUIRAN, Avocat Général.

A PARIS, chez PIERRE SIMON, Imprimeur du Parlement, ruë de la Harpe, à l'Hercule. 1740.